U0140075

開箱
工程師腦洞
大開的日常

提早練功打底、把技能樹升級
讓科技業大廠都搶著要你

START

艾斯 等 著

CONTENTS

Chapter 1 ——————————————————

數 位 電 路 設 計 工 程 師 ⋯⋯⋯⋯⋯ 029

│數位電路晶片設計、開發電路結構│

歐嗨呦———晨星／聯發科技　數位電路設計工程師

推薦序

希望有志於投入半導體產業的讀者，都能找到適合的職位

———— 連振炘
清華大學電機系榮譽教授

　　西元 1988 年左右，施敏教授到清華電機系演講時，他說道從歷史的觀點來看，1968 年起人類從鐵器時代演進到矽器時代。施教授舉出一些證據來說明如何得到這個結論，例如從鐵與矽的專利數或論文數的比較來看，矽的專利數或論文數約於 1968 年起超越鐵的對應項目數目。很有趣的是，摩爾定律也在 1968 年的 3 年前 1965 年提出。時至今日，人類處於半導體時代已是大家耳熟能詳的事實了。

　　台灣現在已經執全球半導體產業鏈中最關鍵的半導體先進製造技術牛耳。今天台灣能夠發展到這樣的地位，並不容易也

非偶然。一則靠政府發展半導體產業的決心與遠求騏驥尋覓良才的能力，二則靠本土培養的優秀人才。其中最關鍵之處，就是延攬到提倡專業半導體製造可以降低成本創造新商機的張忠謀先生，再加上 1978 年出版 Mead 教授與 Conway 教授合著的《VLSI 系統導論》（Introduction to VLSI Systems）一書。這是一本革命性的書籍，它成功地將半導體製造與設計分開，讓無晶圓廠的專業半導體設計公司可以存在。Mead 教授也是摩爾定律的命名者，他透過半導體元件微縮理論的推導，得到一個小小晶片可以放進上億個電晶體的結論，促成了世界第一個半導體專業製造公司在台灣誕生。經過 35 年的努力，台灣終於建立了從設計、製造到封裝測試的半導體產業鏈生態系統。

由於半導體產業是這個時代的核心，因此，不管有沒有地緣政治的問題，世界各國莫不虎視眈眈地想取代台灣在此產業中的地位。台灣想保住這個領先的地位需要投入各種資源，其中最重要的莫過於人力資源。大家可能會懷疑自己是否有足夠的能力參與這個行業？我這裡指的是這個時代整個以半導體為基礎的產業，例如人工智能、量子電腦、6G 行動通訊、自動駕駛汽車以及綠色能源等。

首先，我要說明的一點，就是任何高深學問要能夠轉化成產業的先決條件，就是我們要有辦法把這些高深難懂的學問徹

底了解，並能簡化成具有大一微積分、物理和化學等基礎知識的人就能夠吸收並運用的產業技術。因此，你只要具備這些基本學識就有能力參與這個產業。半導體產業為求把產品做得又好又便宜，因此也必須把工作切割的非常細，所以工作的內容與責任種類繁多，一位初入此行的人士往往看得眼花撩亂。這本書邀請了台灣半導體產業鏈中從電路設計、製程開發、製程整合、封裝與測試、故障與可靠度、產品、靜電放電防護、生產管理、品質管理到產品行銷等方面的資深從業人員，分享他們的工作經驗與心得給讀者。希望能讓有志於投入半導體產業的讀者，能夠找到一個適才適所的職位，也希望能讓台灣繼續保持在半導體關鍵產業鏈中的領先地位。

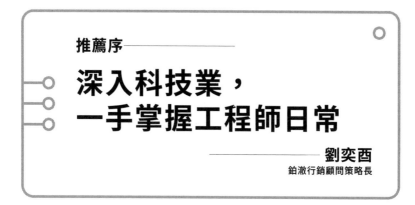

推薦序

深入科技業，
一手掌握工程師日常

—————— 劉奕酉

鉑澈行銷顧問策略長

你是否對科技業充滿好奇，卻又對工程師的工作內容一知半解？是否好奇晶片是如何從無到有，而工程師們又在其中扮演什麼樣的角色？或是嚮往科技業的高薪，卻又擔心自己不了解產業生態？如果你也有這些疑問，那麼你絕對不能錯過這本書！

我也曾經在半導體產業擔任整合工程師與統計工程師的職務，後來轉往業務行銷和營運幕僚領域後，仍需要和不同領域的工程師有業務上的互動與往來。因此，在閱讀這本書時也格外有感！有三個理由讓我推薦這本書：

一、打破迷思，揭開科技業的真實面貌

　　媒體上充斥著科技公司高分紅、高年薪的報導，卻鮮少提及工程師們背後付出的努力和挑戰。在本書中邀請了多位在半導體產業不同領域工作的工程師現身說法，分享他們的日常工作、挑戰、所需技能和未來發展，讓你了解科技業的真實面貌，破除外界對工程師的刻板印象。

二、深入淺出，秒懂複雜的科技業知識

　　半導體產業涉及許多專業知識和技術，對一般人來說難免感到陌生。在本書中以淺顯易懂的文字，搭配生動的案例，將複雜的科技知識轉化為輕鬆易懂的內容，即使沒有工程背景也能輕鬆閱讀。

三、提供指引，助你規劃科技業的職涯

　　本書不僅介紹不同半導體產業工程師職位的內容，更提供了職涯發展的建議，讓你知道該如何準備才能進入這些領域，並了解不同職位的發展路徑和所需技能，幫助你找到適合自己

的發展方向。

在本書中涵蓋了半導體產業鏈中不同環節的工作內容，從設計、製造、封裝、測試到產品行銷，我相信能讓有興趣的讀者對整個產業有更全面的了解。令我驚喜的是，書中以大量圖表形式清楚呈現半導體產業的基本生產流程，以及不同職位在產業中的角色，讓我在閱讀上更容易理解。

像是，類比電路設計工程師需要將真實世界的聲音、光線、溫度等類比訊號轉換為電子產品能處理的數位訊號，讓各種電子產品能夠感知並回應周圍環境；可靠度工程師則需要確保產品的可靠度，預測產品的壽命，並找出產品失效的原因。你可以在書中發現更多不同領域的工程師在工作中遇到的各種挑戰和趣事，讓你對工程師的工作有更具體的想像。

總結來說，這不僅是本工程師日常工作大揭秘，更可以視為科技業的職涯發展指南。

如果你是對科技業充滿好奇的在學生，想要了解工程師們每天都在做些什麼，那麼這本書絕對值得你一讀！如果你正準備投入科技業的懷抱，這本書可以幫助你了解不同職位的差異，找到適合自己的發展方向。如果你想要轉職到科技業，我想這本書可以幫助你評估自己的技能和經驗，為轉職做好準備。

推薦序————————

歡迎你踏上科技產業的探索之旅

———————— **Lester 萊斯特**
YouTuber

　　這本書對半導體一知半解的新手，絕對可以讓你掌握半導體製造的專業分工，以及不同職位到底負責哪些工作內容。

　　不論你是科技產業的人士，或是對半導體行業充滿好奇的讀者，這本書都將為你打開這個不為人知的半導體領域，一起去發現那些驅動科技進步的製程！

　　台灣在全球半導體生產鏈佔有重要地位，各個領域的工程師專業技能跟經濟效益受到國際市場的高度關注。隨著外商公司在台灣設立，科技業的薪資與福利成為大家關注的焦點，也激發更多人對於加入這一行業的渴望。

　　然而，科技業的多樣性跟專業性，使得許多求職的新鮮人

們感到迷茫。為了幫助大家可以更深入地了解科技產業，本書邀請了一群在半導體領域有豐富經驗的專家前輩們，透過他們的知識和見解分享，希望能夠提供給讀者一個明確的職業導向和準備策略。

本書不只是一本求職指南，更是一本探索科技業多元面貌的工具書。本書將帶領讀者了解半導體產業鏈，解析各個不同的職位在產業鏈裡所扮演的角色，並且提供實用的面試準備重點跟未來職涯發展的建議。無論你是科技業的新手，或是想要進一步提升自己的在職人士，本書都將為你提供寶貴的資訊和啟發。

我認為這本書絕對是科技業入門的最佳寶典，歡迎你踏上這趟科技產業的探索之旅。而在這個知識共享的時代，YouTube上也有非常多優質的科技業頻道，提供大家進一步探索和學習。

推薦序

進入工程師世界的第一本說明書

—————— 癢鴿
什麼頻道 !? What Channel !

大家好，我是癢鴿！

近年來，隨著各種新興應用的發展，晶片及電子相關的產業不斷蓬勃發展，並在台灣的 GDP 中佔有重要地位，同時也提供了眾多職缺和相對優渥的薪資，這也讓成為工程師幾乎成為許多理工科畢業生的首選。

但在這個幾乎人人都可以稱為工程師的產業中，每個人所從事的工作和所需的知識技能卻有著巨大的差異。有些職缺不像製程、設備和整合等產線工作那樣供應量龐大，而是只有在具備一定工作經驗後才會開啟的神秘職缺。然而，在過去關於這些職缺的資訊，往往分散在網路論壇文章、實驗室學長姐或

朋友間的口耳相傳，甚至是得在網友的推文爭論中才能找到一些線索。一直以來，缺乏一個系統性的分享，讓人們能夠深入了解這些職缺每天的工作內容與所需的技能。

這本書會帶領大家認識不同職務的核心技能，以及一天的工作生活。讓大家有機會先一窺在這個龐大產業中，哪個職缺可能更適合自己，並朝著該目標前進，減少摸索的時間。此外，本書還提到了一些相對較少對新鮮人開放的職缺，例如產品行銷或供應鏈管理等，往往需要二次或三次轉職後才會出現的機會。這將讓大家提前了解這些相對罕見的職務以及實際工作內容，可以為未來的職涯規劃做好準備。

除了了解職務內容外，如果你還是在學的學生，也鼓勵你透過實習或與業界合作的機會，親身體驗其中的感受。畢竟，就像在玩遊戲時選擇職業一樣，有些選擇聽起來很厲害，別人玩起來特別順手，但實際操作起來卻不一定適合自己。如果能夠早日發現在這個產業中，哪些特質適合自己、哪些不適合，早日做出選擇，那也將是一件美好的事情。

當然，除了親身嘗試外，好奇心也非常重要。因為真實世界的情況往往比遊戲更複雜，不僅僅只有書中列舉的幾個職務，還有成千上百個隱藏的選擇。要解鎖這些隱藏職務，就像玩遊戲一樣，保持好奇心，多去 Google、向學長姐詢問、在

LinkedIn 上尋找資訊，也都是發現隱藏職務的方法。畢竟，我們永遠無法做出超出我們認知範圍的事情。首先要先意識到這些職務的存在，才有機會能深入了解。

　　或許這本書並不是一本詳盡的攻略指南，為大家點出最強的技能樹，或達到完全開圖的程度。但希望這本小冊子能成為你進入這個世界的第一本說明書，帶領你一窺這個龐大世界的一部分，種下那顆好奇的種子，也期待這些種子最終能長成一棵巨大的技能樹。

　　祝各位遊戲愉快囉！

前言

給想進入科技業的你

　　自從新冠疫情爆發以來，遠距上課及居家辦公的需求帶動了龐大的科技產品銷售，導致前幾年許多科技公司的獲利紛紛創下歷史新高，工程師們也靠著和公司營收強相關的年度分紅，個個荷包賺飽飽。另外，近年來許多外商公司似乎慢慢發現了台灣工程師的「經濟實惠」，許多國際大廠在台灣擴大徵才，加入搶人大戰。因此，這幾年不時會看到媒體報導某某科技公司分紅破 XXX 萬、年薪中位數又突破 YYY 萬，許多人在耳濡目染之下，也有意願想加入科技業共襄盛舉。

　　因此，不時會看到網路上有詢問如何轉行加入科技業的文章，或是自己學校的學弟妹來請教如何挑選並加入科技公司。艾斯的身邊也有不少親朋好友來詢問是否有工作機會，其中包

含學校的應屆畢業生，或是已有數年科技業或非科技業工作經驗的朋友。

然而，科技業發展至今，分工已經是相當複雜，工作與職位五花八門，有時即便是科技業內人士也不見得清楚各個職位的職責及壓力，更何況在校的學生們或非理工科的朋友們。缺少對這些職位的認識，除了在學時可能會感到迷惘，不知如何規劃自己的專業課程修習以外；在求職的過程中也很可能沒有方向，投履歷容易亂槍打鳥，面試時也會因此抓不到方向。所以，商周與我們邀請了在半導體業界各領域擁有豐富經驗的朋友們，義務的分享各領域工作在業界的概況，希望能讓有志加入科技業奉獻的朋友們，對這些工作有些初步的認識，並且更加了解該如何提早武裝自己，加強特定的專業。

另一方面，對科技公司而言，也希望加入的新人能更符合需求並更快進入狀況，畢竟以筆者的了解，科技公司也是很缺人才的。

在本書的分享中，部分讀者可能會對自己該具備哪些專業背景或面試的準備有興趣，我們也做了一些說明。雖然如此，筆者並不認為看了這些介紹或是照著我們的方式準備，就一定能讓你在下次面試 100% 錄取心儀的職位；但我們相信，當你具備足夠的條件時，可以因此避免因為錯誤的準備而錯失良機。

另一方面，有預先規劃自己的專業技能，的確也能多少增加進入自己目標職位的機會。畢竟在大多數的情況中，科技業各單位在尋找的不見得是絕頂聰明的人，而是最符合部門當下需求的人。有了正確的準備以後，到底最後求職成功機率能提升到 20% 還是 50%，就看個人的造化、當下的社會經濟局勢，以及其他一同競爭的面試者的經驗能力等綜合因素了。

以下囊括了半導體／晶片產業的基本生產流程，圖中也附上本書包含的職務在產業中的角色，以供讀者參考。以半導體硬體相關的職務為主，其中最下方的數個職務，在半導體上、下游公司都有相關的職務。針對每一個職務，我們都會先概略說明它在產業中扮演的角色，每天的日常工作以及可能的挑戰。

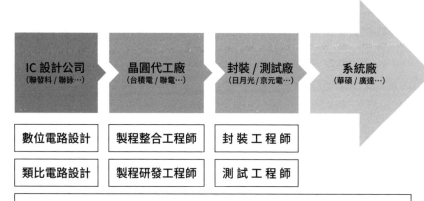

而後，也會大約建議想加入這一領域可能需要具備的條件或準備方向，以及面試中可能會著重的重點等。最後，我們也會談談該職務可能的發展，以及一些相關的基礎知識。

除了本書介紹的內容，一些熱心的科技業朋友們也有在 Youtube 上面製作了一些廣泛的分享影片，筆者也很建議讀者們可以去研究一下，例如「Lester 萊斯特」的 Youtube 頻道（@lesterhuang1991），是由一個有晶圓廠和 IC 設計公司產品經驗的 youtuber 分享一些重點知識，其主要偏向半導體領域。或是「什麼頻道？！ What Channel!」，是在科技業有更多面向經驗的 youtuber，其涵蓋了更廣泛的科技業各領域等實用資訊的分享。

最後，艾斯也提供我們的聯絡信箱：icse0620@gmail.com，如果讀者有興趣分享自己在科技業的經驗或心得，或是對書中作者的分享有疑問，都可以與我們聯絡喔！

Chapter 1

數位電路設計工程師

歐嗨呦

經歷

晨星／聯發科技　數位電路設計工程師

數位電路設計工程師：科技業的樂高達人

每位樂高達人利用工廠提供既有的標準積木（standard cell libraries），透過不同積木的組裝會對應到不同的效果配置，腦力激盪並選擇出最適合產品的樣貌，對應到積體電路（IC）方面，就是影響效能、功耗、售價等等的指標。

當然也時常會碰到標準積木無法滿足的狀況，有時是客戶端的需求、有時是設計上架構的差異，並且需要配合特殊積木（像是 analog IP、special IO 等）的組裝才能完成。達人們需盡可能地了解組裝上的限制，並且透過適當的排列組合將其優化。

數位電路設計工程師：如何串起產品各項功能

現今的系統單晶片（SoC），內涵的功能越來越複雜，需要大量的數位訊號處理和控制，這些動作由許許多多 0101 的開關狀態所表示。

我們先以製造汽車來比喻：假設我們要組合一台休旅車，有的人是負責做輪子，有的人是負責車燈、車門，當然還需要內部的引擎燃油迴路、冷卻系統等各方面的架構。雖然彼此的物件都不同，但為了要能組合在一起，需要由各個領域的設計

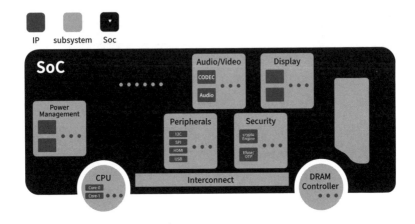

工程師一同討論出互相能銜接的方式（interconnection），才不會山頭各自發展，最後無緣來相會。因此，各個領域的設計工程師間的 co-work 非常重要。

　　以上圖為例：IP 相當於基礎零組件，subsystem 相當於引擎、車燈、車門等物件，SoC 相當於轎車、休旅車、貨車的比擬。根據不同特性，組合不同的樣貌提供給使用者來選擇使用。

▍數位電路設計工程師的一天

　　不同單位負責的項目比重多多少少有些差異，但基本上數位電路設計工程師的日常大概會碰到以下幾個項目，取決你是

比較偏向前端（front-end），主要負責硬體架構設計；或是後端（back-end），主要負責實體化的部分，兩者一般都會有相當的關聯性。因此希望各位工程師能有 top-down 的思考方式來面對這些挑戰！換句話說，能由產品的全貌來思考各個積木的組成、堆疊方式，以致於積木的完成態樣，來達到產品的最大化，並符合客戶方方面面的需求。

規格到電路的流程動作可以參考如下：

SPEC → Arch. Design → Functional & Logic Design → Circuit Design

架構設計、估算 PPA（power、performance、area）

數位電路設計工程師拿到客戶的需求規格後，隨即能夠開始天馬行空思考適當的架構，且能在腦海中浮現出數位波形、演算法，並將其轉化成硬體描述語言（HDL code）。

若是資深的老鳥已經大概能估算出約略的積木用量，再由 Fab（舉例像是台積電、聯電、力積電等）所提供的資料轉化成

PPA，更精準的數據則可透過各種的模擬 tool 來估算。

在某些競爭激烈的產業中，則會需要不同的電路版本來供給高、中、低階的產品選擇使用，比方如玩具、電視晶片等產品，因其成本需要錙銖計較，通常必須選擇價格導向的架構來因應。

每當完成 IP 設計之後，需要透過模擬來確認是否符合規格還有應用場景，另外還需要多考慮幾個面向：

1. 事先與應用人員在規格階段就先討論好架構，換句話說，硬體設計的好就不需要軟體時常介入處理，過多的軟體處理動作會導致 CPU 效能下降，佔用系統資源。

2. 初期客戶端對產品的需求認識不清，想要產品同時開啟的功能過多，導致晶片過熱，所以當時就該把場景和產品的外觀先定義清楚，設計人員才會清楚知道功耗的上限為何。

3. 考慮積木在實體化後，如何透過測試機台來刷掉製造上的不良品，除了提升 IC 良率的原因之外，是否也能降低機台測試時間（成本）。

在業界中，皆需要將上述項目都考慮進去，才不會實際應用上或產品量產後遇到礙手礙腳的窘境！

整合 & 實體佈局上的設計 & 驗證

系統框架畫出來之後，了解彼此之間物理上的限制，就可以開始設計並整合是否需要額外添加的電路。

每當由一個小 IP 端連結至更複雜的系統上面，需要考慮的面向就更廣泛，例如之前所提到的，不同積木物件的連結與整合（integration）。如果是不同頻域則需要做轉頻的動作，這部分做錯通常模擬測試時不一定能抓得出來，所以在 CDC（clock domain crossing）的檢查提醒需要額外注意。不然當 IC 做好後，若發生問題，一方面是積木已組裝完成，需要透過複雜的流程來夾擊並收斂範圍才能找到問題點；另一方面是錯誤的點可能是隨機出現，觸發由不同的系統溫度、電壓等，所顯現的問題特徵都會不盡相同。這些錯誤通常很棘手，通常不是只做 Metal ECO（engineering change order）就能解決的[1]。

當我們設計出 IP 之後，通常還要留意實體位置可能會帶來的問題，像是在不同積木物件上做連結，若彼此間距離很遠，就會需要考慮是否安裝中繼站或轉頻之類的物件，比方說高頻數位訊號傳遞上面，你沒考慮的後果就是負責後端的數位工程

---

1 Wafer（晶圓）是由很多層的多晶矽與金屬所組成，需要修改越多層的光罩（ECO），費用就會越高，而且越先進製程也會越貴！

師會因為實體化達不到規格要求的速度，來臭譙你所設計的電路，此部分通常是晶片整合的時候常遇到的。因此當數位電路設計工程師累積到一定的整合工作經驗後，就會反過頭來設計更適當的電路，來減少流程中需要反覆與後端工程師確認的動作。

　　而在整合晶片上還會需要跑很多很多的流程，像是 logic synthesis、STA、DFT、formal verification、physical verification 等，也都是重要的項目。各位必須要知道 tool 跑出來的報告，有違反規則的地方是否為真？譬如說已檢查到你的電路中的介面，似乎不是同個頻率群組會有收送方面上的問題，如果架構上已經知道有特別做轉頻電路來處理，那麼便是可以 waive 掉的項目，因此設計者必須很清楚知道原因。

　　又或是數位電路的靜態時序分析報告中顯示，無法滿足跑到目標頻率速度，是否這些時序路徑真實的存在其應用上？為真的話請確認電路是否需要切 pipe 來讓電路提升速度，為假的話請將其補上正確的描述（constraint）讓 tool 了解是誤報。

　　將以上的敘述整成下表，列出數位電路設計工程師修改設計後，需處理的事項所花費的時間佔比：

項目	負責的內容	整體時間分配的比率
1	依 project 制定 SPEC	10%
2	依 SPEC 轉化所需的 function，用 HDL 實現並執行 lint 檢查語法	30%
3	編寫測試腳本（testbench），確認 function 正確	20%
4	檢查 code coverage（Line ／ Toggle ／ FSM 等）	5%
5	執行 CDC 檢查（轉頻 FF、async design 是否有做好）	5%
6	執行合成 EDA tool，產生對應之 netlist，並初步確認目標規格（timing、area）是否有達標	5%
7	產生 IP 或 SOC 的 FPGA 環境，並提供給 SW 初期開發 driver（常見的 FPGA 有 Altera、Xilinx 等）	10%
8	依測試腳本產生的波形檔（fsdb）來執行 PT（prime time）產生對應的 power report，觀察並調整電路	15%

撰寫報告、使用手冊

撰寫設計報告、使用手冊也是工程師工作的日常之一。除了給內部員工交流外，合作客戶時常會需要索取這些文件。

有些工程師會覺得這部分不是很重要，就隨隨便便寫上交差了事，在老弟的經驗中，完善的文件說明往往有機會讓使用者順便幫忙檢驗是否設計上有小問題，也大大的降低工程師需要接電話回答問題的次數，對自身工作流程上的效率也有很大

的幫助。

下表針對工程師提供的設計文件、手冊，因為所對應的對象不同，內容完整度也會有所調整：

內容 對象	詳細的架構 設計說明	完整 PPA 資訊	IP 操作流程、 暫存器 控制方式	是否有 外部電路 需配合的地方
相關配合之數位、 類比工程師	○	○	○	○
軟體工程師	○	✕ [2]	○	○
FAE & 客戶	✕ [3]	✕ [4]	○	○

備註：以上表格為個人經驗，僅供大家參考

參加許許多多的會議

一般除了自身的工作外，老弟的經驗是一天當中可以有一半都在開會討論，項目簡單說明如下所示：

---

2 系統軟體會需要功耗資訊來確保場景開啟時不會有過熱的問題。

3 這部分就會是簡化版的區塊圖，一般只會有大概的功能、模組、資料流向的關係描述。

4 通常只有簡單的資訊，成本則統一交由業務員去面對客戶。

1. 自己部門的會議，討論 IP 功能架構的實現。

2. 跨部門的會議，介面上是否需要特殊處理，例如資安防護、匯流排的寬度、速度等。

3. 和 project leader 的時程掌握，增加額外的資源也要回報，譬如新增額外的電路引發成本的增加，或者引用委外授權 IP。

4. 驗證 IP 需要了解測試覆蓋率的進度，是否有沒測試到的電路是不需要的，還是 PATTERN 沒有打到。

5. 客退的 IC 需要找問題、開會討論實驗步驟等。

各項會議每週佔比如下：

數位電路設計工程師 討論的對象	會議時數佔比
自己部門	15%
合作部門	30%
project team	40%
驗證部門	5%
FAE ／客戶	10%

除此之外，跟你的合作對象，像是有資料傳遞關係、軟體方面的使用者、或是產品計畫經理等，他們都會需要知道你設計／修改電路上的進度、用法並安排時程處理各項代辦事務，並交棒給其他合作對象。

當然有時候也會遇到政治上的討論，譬如哪個單位適合做相關的電路等，剛出社會的菜鳥不要傻傻地就答應接單，記得帶上老鳥或長官開會討論，畢竟有時候考量的不僅僅只有技術方面，健康的合作模式才能長長久久～～。

協助 SW 系統驗證／Debugging

協助 IP 驗證是非常重要的環節，當各位工程師如果規格文件沒有寫完整、場景沒有考慮周全，這些臭蟲在初期階段通常不易察覺。等到越後面的階段，所要付出的驗證人力還有維修成本都會急遽上升。

老弟這邊舉個自身痛苦的經驗為例，有次收到 A 客戶反應，某個產品在使用情況下，會當機沒有畫面，但這顆 IC 除了給 A 客戶之外，還有 B、C、D 等的客戶都有在使用，但卻沒有發生當機的問題，因此除了請系統工程師幫忙比對 IC 外部零件、電源、上電時序之外，找出容易發生的場景，還要再請軟體工程師幫忙寫測試程式，來夾擊可能發生當機時的指令，最後再透過電路去找尋到硬體設計上面缺失的部分。還好當時這部分的漏洞能夠透過軟體流程執行的順序方式，避掉當機的問題，不然產品的 delay 除了影響到公司的信譽之外，嚴重可能還有賠償

方面問題。

　　下圖是提醒想跨入 IC 設計產業的菜鳥們，千萬不要讓臭蟲長大變成大怪獸，養大了所要付出的代價往往難以想像～～。確實執行每個階段的驗證工作並且務必做好做滿，切勿為了貪圖一時個人的省事而造成公司巨大的虧損。

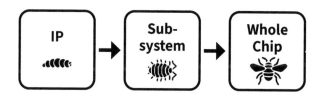

　　附帶一提，如果是在量產階段 debugging，通常工程師會面臨巨大的解題壓力。客戶會希望知道請他們幫忙實驗各個步驟想要達到的目的為何？時間內是否可以解完並讓產品順利 demo ？又或需要外部的配合，造成產品成本增加等。

　　這讓工程師進入戰鬥模式（每週甚至每日回報除蟲狀態），並且公司內相關單位也必須互相配合，把客戶問題當成第一優先處理。經過幾次這種高強度的 case，各位的解題功力必定會大大提升！

　　除了設計階段透過完整場景來測試模擬波形之外，產品開發初期也常用實體的 FPGA 來提前讓軟體工程師操作使用，其

能包含更廣泛的測試範圍，畢竟使用者的操作方式有時候會超出設計者的想像，也有可能激起更多架構設計方式的火花。

時間安排與規劃

大部分參與計畫執行的工程師，身上背負的計畫可能不只一個，通常會是多個計畫同時進行，因此當各位想安排假期時，建議先與主管討論計畫中各個里程碑的時間點（每個里程碑都有需要交付的設計檔案、文件等），並且挑一個輕載的空檔期間來休息。當然如果有代理人可以幫忙執行計畫上的交接，就不一定得挑輕載的時段了（不過人在江湖走，總是要還的 XD）。

下表簡單示意工程師所負責執行計畫上各里程碑的時間，可以在哪個合適的時間區段點休息，另外再狀態列利用「紅綠

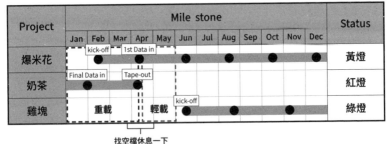

燈」來顯示目前進度是否有卡關或是需要 call-help 的地方，也讓 project leader 能提早掌握，判斷局勢。

里程碑的時程通常由 project leader 按照產品的屬性、難易度而制定。工程師務必將這些重要資訊整合來分析自己的節奏是否能配合，老弟相信習慣後，一定能相當從容不迫地安排休息或出遊。經驗上是此空檔可能有 2 ～ 3 週的時間，適當的休息可以讓工作不致於彈性疲乏，充電回來面對新的挑戰！

如何加入數位電路設計工程師的行列

技能 & 經驗

通常數位電路設計工程師養成約 2 到 3 年的時間，電子／電機／資工相關工程科系畢業後，一般學科上都會先接觸過，像是數位邏輯設計、計算機組織等。

「數位邏輯設計」為一切數字系統的基礎，像是布林代數的基本運算、組合邏輯、序向邏輯等，只要同學有寫硬體描述語言一定碰的到。

「計算機組織」主要是了解計算機語言、算數、效能評估、處理器的資料路徑與控制等，對於 CPU based 的系統相當有幫

助。

　　另外不是本科系或是跨領域轉職的朋友，如果想要進入數位 IC 設計的領域，建議也可透過進修來補充自身專業的不足，例如：可以透過「國家晶片系統設計中心」（National Chip Implementation Center，CIC）的教育訓練、自強基金會等，皆有詳細的專業課程。畢竟邏輯觀念強的同學都是很受業界歡迎的，希望能一同在這領域貢獻一份心力。

　　還有工作上常用的工具，比如像是 Verilog、VCS、Verdi、ncverilog、C++、TCL、Perl 等。當基礎穩固之後，其中的硬體描述語言（Verilog HDL）自然會寫得好，像是使電路更穩定，應用上較無限制等，能夠更方便的組合在不同產品線，畢竟這些都是數位電路設計工程師吃飯的傢伙！至於如果想更深入了解其他上述的工具，只能先請各位自行上網搜尋相關資訊囉，細節不是此篇重點就不再贅述。

　　此外，會議上也會需要與外國同事討論，因此除了本身的口條邏輯思考之外，英文對話也是需要加強的部分，畢竟溝通上會許多國際語言還是有相當的職場優勢。IC 設計公司的客戶通常有歐美陸日韓等，各位行有餘力的話，多會一些語言在職涯上總是加分的！

　　數位電路設計工程師常常會有很多標準流程要跑，為了不

要花費太多時間再跑這些流程以及人工檢查的動作，寫個自動化的腳本是很常見的，想想看工程師一天有多少時間在上班、開會，有個小助理來幫忙不是很棒嗎？

另外也推薦大家可以熟悉微軟的試算表工具（excel）來搭配 Perl，一方面主要是試算表較方便提供跨單位的人閱讀與交流，再透過像 Perl 程式語言來產生固定的輸出檔案，我們可以把此輸出檔案定義成硬體描述語言（HDL）就變成是某種電路的產生器；定義成工具程式語言（如 TCL）就變成環境設置的檔案。另一個好處，就是可以減少設計者每次需要重寫程式所造成的人為疏失。

因此寫程式對於數位工程師而言是必備技能，每當完整地走過設計流程後，就可以思考哪些步驟可以加上這些腳本。這些動作也像是幫自己做筆記一樣，一舉數得！

由衷地希望數位電路設計工程師不單單只是把自己當寫程式達人，重點應該是了解如何設計符合產品的規格並能發現各類問題的 root cause！老弟的經驗是這項能力往往可以讓工程師更容易在茫茫人海中發光發熱（希望不是出包太多被高光！），還有就是需要幫老闆多想一下產品如何設計才能賺錢，設計再厲害的功能也是要 PPA 做到位啊～～。

面試重點

如何處理跨頻轉換，static timing analysis（setup ／ hold time、clock skew 等）通常必考，另外自身學經歷的部分也要很熟，面試官看到有興趣的內容會請你當場寫白板並解釋細節作法，還會詢問如何處理遇到的問題，通常由應徵者談吐、處理、解決問題的方式，即可以略知應徵者是否適任該工作崗位的內容。

過程中盡量凸顯自身長處，來誘使面試官好奇並提問，這樣可以透過解釋的過程讓面試官印象深刻並且更清楚你的能力。根據你想要進入的部門／產品線，可以加強自己在特定產品設計上的看法與見解，也能讓面試官提高印象並獲得入場卷。

未來發展

數位電路設計工程師可以根據自己的興趣或專長，看是要朝向 IP 開發（技術深度）或是產品開發（技術廣度）的方向。也可以往架構、演算法的部分前進，像是 5G ／ 6G modem ／高速介面／ SoC modeling ／ SoC system architect ／ FPGA 工程師等。數位 IC 設計一直都會是很缺的職位，尤其未來的系統單

晶片只會越來越大顆，因此需要照顧的 IP、subsystem 也會越來越多，再加上工作業務專精的切分等因素。

轉跨到系統廠也是滿常見的職涯規劃，但一般來說，IC 設計專注在晶片本身的部分，系統廠則是專注在實際產品上（包含 IC、PCB、零組件、散熱機構、使用場域等的安排），比較適合上面文章說的，走廣度的數位 IC 設計族群。

無論是前端或後端的工作，千萬不要只想碰自己喜歡或拿手的部分，這樣沒辦法讓自己累積更上一層樓的技術、無法擁有能夠 overall 的思維，那麼將如何設計出優良的產品，來因應不同的情況呢？

Chapter 2

類比電路設計 工程師

昀橙

晨星／聯發科技　類比電路設計資深技術經理

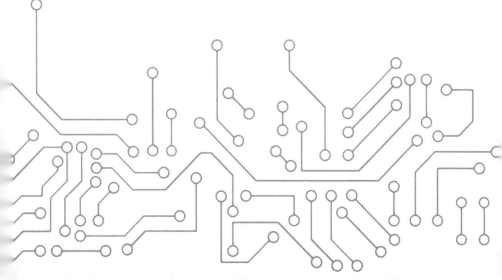

類比電路設計工程師：整合晶片設計的藝術與科學

科技業的晶片設計公司（IC Design House）主要是負責開發電子產品中的核心、也就是大家常在講的 IC，廣泛應用於各種電子產品中，包括智慧型手機、電腦、汽車、醫療設備等。而晶片開發主要涵蓋兩大領域：類比電路設計和數位電路設計，基本上所有晶片設計公司都會有這兩個類別的工程師。本文會將焦點放在類比電路設計工程師的職能，深入分析須具備的能力以及工作內容。

一顆新晶片從無到有的過程中，類比工程師幾乎是無處不在，並扮演著極為關鍵的角色，工程師的設計能力會直接影響產品的性能、功能和用戶體驗。當我們試著將類比工程師的工作具象化時，簡單來說就是將真實世界的聲音、光線、溫度等類比訊號，轉換為電子產品能處理的數位訊號，讓各種電子產品能夠感知並回應周圍環境。另外，也需要處理各種不同電子訊號間的工作穩定度或彼此之間相互轉換，使產品維持高度穩定性。因此，類比工程師除了在前期負責設計晶片、開發電路架構外，晶片製作完成後的測試和改進處理也屬於其工作範疇。細項包含：

● 研究電子電路學、電晶體原理、類比積體電路特性、電路邏

輯、半導體技術，依規格與應用訂定電路架構之需求，進而從事積體電路之設計。

● 針對類比雜訊的各項干擾進行改良並進行設計。

● 針對電路佈局（layout）的非理想效應進行考量並改善。

● 規劃類比積體電路產品及應用。

● 對類比積體電路設計、管理及設備採購作業，提供技術性建議及相關諮詢。

　　類比電路設計的領域非常廣泛，所以更需要審慎評估適合或有興趣的領域來長期耕耘，因為即使是同樣的類比工程領域，不同的設計主軸所需的能力和關注焦點也有很大的差異，所以處理的項目也不同。對於想要從事類比工程師的人來說，這個工作顯著的優點是職涯的起步階段有非常多條路（題目）可以選擇，例如：高速介面電路、高解析電路、電源管理設計等，但是每條路都深而廣，長期而言需選定題目並投入時間做深入研究以累積研發能量。所以，建議從自己有興趣的題目開始，一旦選定後就試著走久一點也走遠一點，專注累積成為一個領域專家後，再來思考是否轉換不同的領域。再者，隨著半導體技術和應用的蓬勃發展，電子產品中類比相關的研發需求和難度亦不斷增加，所以整體而言，類比工程師會是一個具有專業累積性和挑戰性的職涯選擇。

開發晶片時，類比設計工程師的角色

如前面所提的，類比電路設計工程的領域相當廣泛，「1天」實際上很難囊括類比工程師所扮演的角色以及工作上所負責的項目，因為一顆晶片從開始設計到完成製作幾乎都需要類比工程師的參與，所以我們將時間線拉長，來看類比工程師[1]在產出晶片的過程中所負責的職能，並介紹日常工作項目以及可能面臨的問題與挑戰。

一般做類比電路研究的學生在研究所時期，確認研究主題後會大量研讀相關期刊論文，或參考學長姊的相關研究成果後，著手設計模擬電路，然後不斷在研究、設計、模擬、改進的過程中推進著晶片下線（tape out）和論文進度。離開校園進入科技公司後，一般而言所從事設計的主題會傾向於和研究所題目相關，上述的過程也會不斷重複（這可能是做這行的宿命），但最主要的改變是會提升電路規格的嚴謹度和量產性，使電路設計內容的深度和工作負責範疇變得更為廣泛。

在開發晶片時，類比電路設計執行的項目大致上可以分成

---

1 即使同屬晶片設計公司，當公司的產品線以及產業不同時，類比工程單位的編制也都不太一樣，所以接下來將以中、大型晶片設計公司中的類比電路設計工程師為例。

三個階段：

- **設計前期**：專案開始前的系統電路應用和製程選擇，確認後會加入細部電路規格清單和客戶應用需求的討論。

- **設計中期**：目標電路應用和規格確認後分析，開始選擇和擬定電路架構並進行設計與模擬，接著進入電路佈局規劃以及佈局結束後的模擬。

- **設計後期**：準備設計電路的驗證規劃，測試電路公版製作的檢查，規劃量產測試規格和項目，及晶片下線回廠後的正式驗證和除錯。

　　所以開發一顆晶片到底需要多少時間，端看專案計畫的規模和類型，小型專案一般大約 4 ～ 6 個月，大型專案大約需時 10 ～ 12 個月，但也有不少特例是 3 個月以內就完成晶片開發流程，時間多寡主要還是依電路規格要求的難易程度變動，以至於影響設計中期所要花費的時間。中期往往是一顆晶片是否可以成功量產最關鍵的階段，因此接下來將更深入探討設計中期類比電路工程師所需要的專業能力。

▌設計中期所需的專業能力

專業能力 1：製程參數特性熟悉和模擬軟體能力培養

　　如將工程師設計類比電路比擬為上戰場打仗，第一要務是明確知道戰役的任務目標；第二則是了解有哪些武器可以使用，並且熟悉武器功能的限制。所以當晶片設計專案開始執行時，類比工程師需要明確了解電路設計的類型和規格目標，以此展開工作項目，而這些複雜的任務分配就會由計畫主持人找尋相對應的單位來做設計，例如將電路以功能分類：高速介面電路、高解析電路、電源管理電路等，不同類型的電路會分派不同部門執行。至於規格目標指的是不同功能電路細部的應用需求，通常會包含兩部分：電路標準規格和客戶應用規格。

　　第二就是要知道目標電路能使用的製程和電壓範圍，此與類比工程師自身的專業基礎能力極度相關，包含熟悉電晶體原理、電路邏輯、半導體技術，需清楚知道類比電路設計的元件模型和特性。這些元件特性和資料都是由晶片製造廠（例如：台積電、聯電）所提供，而類比設計工程師要具備從這些文件中挖掘並讀懂設計電路時所需內容的能力，這樣才會對能使用

的武器有更多的資訊和了解限制[2]。

有了上述的製程資訊，另一項重要的武器是熟悉類比電路的模擬軟體，這能有效地協助電路架構的選擇判斷，也可用來判讀元件特性是否如預期。實務上，不同的製程技術對電路設計有不同的限制，另外，選擇合適的模擬設計軟體、版圖設計軟體等工具，也將影響設計效率和結果。所以讀者求學期間若修習過積體電路實驗，均可培養一定程度的基本能力；但如果能更深入的學習一些特殊用法或語法，未來在工作上一定會有不小的幫助。

專業能力 2：規格分析，擬定架構

類比電路設計中期最重要的工作內容：電路規格分析和擬定架構，著手類比電路設計前，需要將抽象的系統規格轉化為具體的電路實現，所以電路規格分析需要從**理解系統規格**開始，經由詳盡分析產品的技術規格（包括性能要求、功耗限制、尺寸限制、成本目標等），接著**定義電路功能**，再根據系統規格，

---

2 中大型的晶片設計公司通常會有專門部門幫忙整理和過濾製程資料，尤其是前後版不同製程對於元件特性的比較，讓設計工程師對於製程轉變有初步的了解，可大幅減少每一位類比工程師各自研讀製程文件所付出的時間。

確立電路需要實現的功能（例如放大、濾波、振盪、訊號轉換），就能**制定設計目標**，設定電路的性能指標（如增益、頻寬、雜訊、輸出訊號範圍等）。

完成以上的初步規劃後，就可以開始進行**擬定電路架構**，這一步可以算是類比電路設計的精髓，也是最花時間的階段，就如同爬山攻頂，可能有很多路線可以攻頂，但要如何選擇最有效率的登山方式，則需要做功課和參考資深山友經驗。類比電路架構選擇亦是如此，設計上需要考量電路效能、系統功耗、佈局面積，以及專案計畫的時程和人力資源狀況，當以上都考慮進去並排除意外的狀況下，即能規劃出第一版時程內的攻頂路線：

1. 根據電路功能選擇適當的基礎電路拓撲，考慮電路特性並且分析不同拓撲的優缺點，選擇最符合設計目標的架構。

2. 建立電路模型設計模擬，並且從數據中考慮電晶體的非理想特性、寄生參數等對電路性能的影響。

3. 驗證電路是否滿足設計目標，接續調整電路參數甚至架構來優化電路性能。

實務上類比設計工作可以任務內容區分為全新設計以及改版整合，全新設計就是電路規格或使用製程是過去沒做過的，所以一般來說開發時程較長，開發過程也很常出現無法掌握的

意外，但往好的方面想，對工程師是技術能力和耐壓力提升的時刻。改版整合則是該電路規格沒太大改變，製程也是幾乎相同或者參數小改版，工作內容大概是改善舊電路問題和加入一些新功能，這樣的電路設計任務較不耗時，且工程師主要的工作內容多半是在整合類比電路以配合專案計畫執行需求。

專業能力3：模擬分析，電路佈局

在電路設計中，佈局是指電路元件在積體電路晶片上的安排方式。它是類比工程師工作中重要的一環，需負責決定電路元件之間的連接，以及它們在晶片上的位置。類比電路設計實際上不只是電路上的鑽研，實際上是同時在設計電路和佈局規劃，真正的設計可以說是從晶片佈局開始。不理想的佈局方式通常會明顯降低電路效能，甚至導致功能錯誤，因此有經驗的類比工程師將電路元件佈置在晶片上時，需考慮佈局對電路性能的影響，如寄生電容、寄生電感、耦合噪聲等，並且設計電路元件之間的連接線，考量走線寬度、長度、層數等對訊號完整性產生的損耗，也要注意電源和地平面設計，確保電源供應的穩定性和抗噪性。

模擬分析和電路佈局之間會是反覆疊代的關係，如果模擬

數據結果不符合設計要求，就需要繼續分析電路佈局造成的問題，進而修改電路設計和佈局規劃，再重新模擬和驗證，不斷重複上述步驟，直到電路性能滿足設計要求。這也是經驗累積相當重要的一環，良好的佈局可以帶來以下優點：

- **提升效能**：縮短電路訊號傳輸路徑可以提升電路速度和降低功耗。

- **降低雜訊**：謹慎安排敏感電路元件位置可以減少電路之間的互相干擾。

- **增加良率**：妥善的佈局可以使電路在生產過程中不容易出現不良品且能運作正常。

　　有效的電路佈局設計需要類比工程師具備紮實的電路理論基礎、熟悉製程限制以及熟練相關軟體工具的使用。

設計後期的工作範疇

電路測試規劃

　　晶片下線回來的類比電路測試規劃是一個複雜且關鍵的工程環節，直接影響晶片產品的品質和可靠性。

　　求學時期多數人比較沒有認真著墨在電路測試的部分，畢

竟在畢業壓力的驅動下只希望趕快量到訊號就好（笑），所以測試常是類比工程師比較容易遺漏的課題。但實務上，完整的電路測試規劃是在晶片下線後非常重要的一項工程，也是晶片回廠前類比工程師工作環節的最後一哩路。這階段的工作主要是根據電路功能和性能指標來制定測試計畫，並且和系統工程師討論設計測試電路，用於測量電路的各種性能指標，大量收集測試數據並進一步分析測試結果，驗證電路是否符合設計要求。

　　以能否量產晶片為最高指導原則，測試目標可分為以下 4 大項目：

- **功能測試**：驗證電路是否能實現設計的功能，包括增益、頻寬、雜訊、失真等參數。
- **效能測試**：評估電路的性能是否符合規格要求，如電源供應範圍、工作溫度範圍等。
- **可靠度測試**：檢測電路在惡劣環境下的可靠性，如高溫、低溫、濕度、振動等。
- **壽命周期測試**：評估電路的壽命，即在長期使用下效能衰減的情況。

　　前兩項是電路的基本測試，目的在於驗證設計是否符合模擬預期，後兩項則是產品能否實際量產的關鍵測試項目。

論文與專利發表

專利與論文發表對於類比工程師而言,是除了專案計畫執行之外重要的工作與成果展現,多數公司都有專利工程師能夠協助技術專利的檢索與撰寫,有效協助專利的發表。專利與論文發表是相輔相成的,一般來說,論文發表可以為專利申請提供更詳細的技術背景和創新點,而專利申請則能保護論文中所描述的技術成果,這兩者發表的數量和質量是衡量一間晶片設計公司技術創新能力的重要指標,也能提升公司的品牌形象和信譽,更是工程師考績衡量的高標準。

期許

以上內容是依筆者在不同晶片設計公司的經驗作為分享,當身處於大型晶片公司時,晶片設計有細部分工編制的部門來協助,資源相對齊全,能專心在特定項目上;中小型晶片公司則是需要自己處理和克服的項目比較廣,所以能接觸的項目會比較多。以類比設計初入門學習的心態而言,到哪一種類型的公司沒有一定孰優孰劣,重點還是在個人能從中獲得多少成長和經驗。類比工程師的工作可說是解密晶片設計背後的藝術與

科學，從頭到尾有很多需要克服且吸取經驗值的階段，雖然過程可能漫長且有著產品開發時間的壓力，但這些技術專業和克服問題能力的累積是不容易被取代的，如果能從中找到自己的價值和定位，工作也將會充滿挑戰與樂趣。

▌如何加入類比電路設計工程師的行列

技能 & 經驗

　　類比電路設計是一個充滿挑戰且能獲得成就感的領域，需求人才基本上是以電子電機相關科系為主，需求學科各大專院校也幾乎都很齊全，網路上的資源也是相當豐富，但建議對於專業學科的內容（如類比積體電路）可以配合實作或模擬去深入了解設計的精神，會比單純閱讀課本或算習題來的有設計手感且印象深刻。因為，理論推導配合電路實作模擬的方式，一直是類比工程師累積電路設計能力的不二法門。除此之外，以下想分享的是此領域必備的技能、經驗，以及如何踏入類比工程領域。

　　必備的技能在理論面包含基礎電路和元件原理，實作面則是電路設計軟體工具。

- **基礎電路原理**：電子電路學、半導體元件、類比積體電路特性、電路邏輯、訊號與系統等，深入了解電阻、電容、電感等基本元件的特性，以及放大器、濾波器、振盪器等常見基礎電路的原理。

- **電路模擬軟體**：熟練使用 SPICE ／ SPECTRE ／ Matlab 等電路和架構模擬軟體，能獨立進行電路模擬與分析。

- **佈局設計軟體**：熟悉 Cadence Virtuoso 等設計軟體，對於進行電路佈局和走線有一定的基礎概念。

- **程式設計能力**：掌握一門程式語言（如 C/C++、Perl、Python），可以幫助開發電路自動化設計流程，提升設計上的效率。

　　相關專業經驗的需求就如同類比電路的領域一樣寬廣，除了學校的專業課程之外，可以進一步由網路、社團或研討會等相關資源來獲得與學習，簡單列舉如下：

- **實務實習經驗**：求學期間參與相關的實驗、專題或實習，可以讓你提前接觸實際的電路設計，初步了解實務上的工程問題。

- **設計工作經驗**：即使是初階的工程師，提前接觸業界的設計流程，也能從經驗豐富的工程師身上學習到許多實用的知識和技能。

- **參加研討會、培訓課程**：關注業界的最新發展，參加相關的研討會和培訓課程。
- **建立人脈**：多與校友、業界人士交流，尋求就業機會。

　　類比電路設計是一個不斷發展的領域，新的技術和工具層出不窮。因此，持續學習是成為一名優秀的類比電路設計工程師的關鍵。另外就是多向經驗豐富的工程師學習，曾經有前輩分享，公司的新人裡學習成長最快的不是技術能力最優秀或是經常加班的，而是多與同事和前輩交流技術的工程師。

面試重點

　　類比電路設計工程師的面試，除了專業知識外，還需要展現出解決技術問題的能力與對工作的熱情。以下大略條列面試重點來做說明：

- **自我介紹**：學歷與工作經驗的簡述之外，可強調自己的技術專長與興趣。
- **專案經驗**：詳細說明參與過的專案，著重在自己的貢獻與收穫，如果是初入職場的新鮮人則是以研究所專題來做論述。
- **技術問題**：這是面試是否合格的主要判斷階段，可能會問及電路架構、分析、模擬、版圖設計等相關問題，所以建議從

基礎電路原理到架構設計的過程和內容都要相當熟悉。

問題解決：這部分通常是承接上面技術問題的延伸，面試主管通常會請你舉例說明如何解決過去遇到的設計問題。

對職場新鮮人或年資稍淺的工程師來說，有些問題能否答出正確答案不一定是重點，**面試目的主要是判斷面試者的電路基礎能力以及思考邏輯，面對複雜問題是否能快速分析並提出解決方案，以及過去在團隊中的角色和合作情形。**

未來發展

類比設計在公司的發展，長期來說以目前常見有兩種類型的路線可以做參考，專精某一類比設計領域專家或類比電路整合專案領導者，

- **專精某一類比設計領域專家：**選擇一個自己感興趣的類比領域深入研究，並勉勵自己成為該領域的專家，這裡的專精不只是簡單基礎電路，而是指同一領域由單一的電路到複雜系統架構的精通。專精某一領域，能讓你對該領域的理論、工具、設計技巧有更深入的了解，形成獨特的技術優勢。

- **類比電路整合專案領導者：**對類比某些領域有一定的技術能力後，可以考慮往類比電路整合或專案負責的方向發展，其

工作內容涵蓋從概念發想、設計到產品實現的整個流程。這是一個需要高度技術能力、領導才能和問題解決能力的工作，可以接觸到不同領域的知識，拓展個人視野並且培養領導、溝通、協調等能力。

以上兩者都有著高度的成就感與挑戰，至於何者適合自己，就端看實際走入類比的世界後再慢慢調整也不遲。

▎類比電路設計工程知識小補帖

最後依應用領域分類介紹類比電路設計的領域有哪些，讓讀者能有一些簡單的概念：

- **高解析度電路（ADC ／ DAC）**：處理信號的高精度數據取樣和重建，如音訊設備、影像處理，而目前高速的 Serdes 也有使用這項技術。

- **高速介面電路（Serdes）**：用於高速數據傳輸，如 PCIe、USB、Display Port、HDMI 等，通訊產業、消費電子、數據中心都有著高速傳輸信號處理的應用，隨著電子產品性能不斷提升，應用範圍也會更加廣泛。

- **頻率產生器（PLL ／ CDR）**：用於頻率合成和時鐘恢復，應用於通信系統、數據傳輸，頻率產生器可說是所有系統和應

用裡必備的電路之一。

- **電源管理（Power IC）**：應用於各種電子產品的電源管理系統，如 DC-DC 轉換器、穩壓器。

- **驅動電路（Driver IC）**：用於驅動面板或其他元件，如顯示驅動器、馬達驅動器。

- **射頻電路（RF IC）**：用於無線通訊，如放大器、混頻器、濾波器。

Chapter 3

製程整合工程師

李慕梓

聯華電子　製程整合工程師／外商製程整合工程師

製程整合在半導體產業扮演的角色

前言

　　也許會有很多不同的意見，如果就半導體製造中的關鍵工作來說，製程整合就算不是第一，也至少是前三名。這份工作的概念上是個企劃經理（project manager，PM），負責成敗，成功開發平台或者將產品量產。

　　在半導體製程整合工程師的日常生活中，好聽的說法是每一天都是一場充滿挑戰與機會的旅程；但比較合理的說法則是每天都是充滿狀況。「整合」這個詞顧名思義，就是將各個單位的工作組合、合作進而達成目標。這句話有兩個特別要談的字，一個是「目標」，這自然是把整套製程完成，定義上可以是整個平台，也可以是各別為客戶特別調製；第二是「各單位」的成員。在工程面上，上游可能會有設計（design）、智財（intellectual property，IP），還有設計與製造之間的介面單位元，如模型（model）、製程設計套件（process design kit，PDK）等；支援單位如元件（device）、產品（product）、測試（test）、可靠性（reliability），以及故障分析（failure analysis）等；下游就是各個模組（module），生產營運單位，

如製造部。非工程部分的話，客戶工程、客戶服務、業務、市場大概都會碰上。分類上也許不盡恰當、覆蓋面也不一定完整，但可以想見接觸面的多元性。

在整個半導體工廠中，整合扮演的角色較為特殊，在這規模巨大的行業中，幾乎人人都得發揮其專長以完成巨大事業的一環，戲謔的說法就是一個螺絲釘。然而，整合雖然也僅是個螺絲釘，情況卻有些不同。這份工作在模組、元件、製造等專業上，一般來說是不會比專職人員來的好，但卻也要求對這些知識有相當程度的認知。整合自身的專業則是把所有的知識整合，並架構起來成為一套有競爭力的製程。做得好壞取決於於各種知識的融會貫通、邏輯推理、問題連結、分析能力，最後還有強大的執行力。而事實上，執行力在實際作戰的情況下，並非三言兩語可以描述，但肯定不是堅持要配合單位如臣子對皇帝一般的聽命。理解目標、合理強化製程能力、更多的換位思考與理解技術難點。身為整合，要思考的部分，兼具技術深度與全域。其中最重要的是，作為 PM，整合工程師必須扛起成敗的責任。不過，職涯的一開始可能不會馬上擔起這個重擔，但這個角色的命運就是注定如此。

研發與量產

當然，由於各個製程的特性及需要的資源差異很大，也許只是在既有的架構下微調，抑或要安插新的元件，當然也可以是全新的開始。整合在量產與研發的關注與考量點也不盡相同。研發相對看不見明確的答案，在實驗與分析的邏輯上，往往需要能跨出風險性更高的一步。好比在某道製程上機台或是材料的選擇。在量產方面，由於架構在相對穩定而且經過千錘百鍊的平台上，因此每一個看似合理的工程變更，都可能隱藏著未知的風險，所以會更加看重良率的控制與變化。

事實上，不管是從原物料、晶圓製造、晶圓封裝，到做成板級電路，量產若有了狀況，往往首先想到的就是有人偷偷改了什麼事卻沒有通知。不說的理由，不管是哪些族繁不及備載的原因，但出發點永遠是來自於合乎工程或者成本上的道理，只是不幸發生了意想不到的事。當然，這不幸通常也不能賴給墨菲定律（Murphy's Law），這往往是因為思考與分析不全面所造成。當然，如果不是單純技術或成本的問題，一些不健康的行為模式並不在我們的討論範圍。

但研發也不是無可限制的實驗開展，作為研發若不考慮量產的問題，比如設計了一個踩在懸崖邊的製程，如黃光幾乎沒

有對準偏移（overlap）的空間，那就算勉強進了量產，也只是給工廠極大的壓力。反過來看，若量產的整合工程師永遠也只是關注在無法改變的風險上，那想要改善製程的健康度或者是降低成本，也就是緣木求魚了。

與多數的工作類似，整合的工作內容是建構在相當知識基礎背景下，不間斷地在日常中操演，但除了中規中矩地把貨帶出之外，分析以及解決問題的能力更為重要。對於一個整合工程師而言，由於多數問題是來自於各個相關單位（如模組、測試等），在有限的資源及時間下，要能做出合理的分析及判斷，因此除了技術力，溝通的能力對於整合來說也是極為重要。

由於開發與量產整合的模式還是有相當的區別，工作內容的描述無法盡善盡美，不免也會有些偏頗。另一個問題是，半導體製程整合也不僅是邏輯電路（logic），好比動態存取記憶體（dynamic random access memory，DRAM），或者快閃記憶體（flash memory）、CMOS影像感測器（CMOS image sensor，CIS）、微機電系統（micro-electro-mechanism system，MEMS），或者完全脫離矽，比如化合物半導體，作射頻電路（radio frequency，RF），或者是高壓元件（high voltage，HV）等，應用上有太多類型。不管如何，大概都可以分成前中後三個階段：前期評估、開發與驗證，最後量產。

　　前期評估是最簡單也最困難的部分，一般來說常見會有先期產品品質規劃（advanced product quality planning，APQP）這一類的行動規範前期評估的工作，好比可行性或者市場調查。開發與驗證則如其名，做出一個平台或產品，並通過驗證。驗證的工作也要看性質，是全新的平台，抑或是客戶要將來自於別廠量產的產品轉移（transfer）過來，情況不盡相同。最後就是量產，研發做出的幾批貨，工程師可是如媽媽帶小孩一樣悉心呵護，但量產下成千上萬片就是另一個世界。一台機台能做，與十台機台能做，是完全不一樣的問題。另外，由於矽工業的發展相對多元化，我們著重的點會偏向這裡，也更靠近邏輯電路一點，其他方面比較難以顧及，但精神大概是類似的。

▎製成整合工程師工作的三個階段

　　整合工程師的生活，主要也都是跟著平台與產品進展有關，不同時期煩惱的問題不盡相同，我們將前面所述的三個部分：前期的評估與準備、中期的產出，以及後期的驗證，說明如下。

第一階段：評估與前期準備

　　第一階段，姑且不論可行性或者市場調查的部分，這已經超過了多數工程師處理或思考的範圍。我們從日常上的問題著手即可。在這裡有個詞太有名了，許多新聞稿的都會提到這個字，也就是 tapeout，翻譯為「流片」。這工作有兩個源頭，一個是研發單位要開啟平台，另一個則是客戶完成晶片設計，要交付予工廠執行製造的過程。平台開發一般而言通常得建造測試用光罩（test vehicle），這是為了建構平台所相對應產生該具備的設計。測試用光罩大概會有幾類項目：架構 PDK 所需要的模型測試區（model testkey），比如各種所需要的元件，或是如金屬氧化物半導體場效電晶體（Metal-oxide-semiconductor field effect transistor，MOSFET）、金屬半導體氧化物電容（MOS capacitor，MOSCAP）、電阻（resistors）等。MOSFETs 通常還有分 N 型或 P 型，也有不同的臨界電壓（threshold voltage）、核心（core）元件及輸入輸出（input/output）元件、靜態存取記憶體（static random access memory，SRAM）等，也包含了各種後段金屬連線所造成的電阻（resistance）、電容（capacitance）及電感（inductor）。另一種是製程健康度的設計，比如各種設計規則（design rule）的確認及各種極端情況的結構；通常也

會有可靠性相關的測試圖形；此外，也可能會放上產品級的測試項目，比如 SRAM，這種通常面積很大，也許是 32Mb 或者 64Mb 甚至更大。

除了各種測試圖形，也必須放上製程相關的檢驗圖形，好比黃光對準、薄膜成長厚度、蝕刻深度等。一般而言，這些檢驗圖型會與 WAT（wafer acceptance test 或者 PCM）放在切割道，不會去佔據 die 的空間，我們可以稱呼這些為框架（frame）。而若是量產，由於已經是成熟的平台，通常只會擺上 frame，chip 內就完全是客戶自己的設計。也有另一種情況，是客戶還停留在觀望或保守一點的階段，也許就只想要一小塊地，做個自己的測試 chip，那就會選擇與其他公司共用同一套光罩，比較省錢。

不管是哪種情況，整合的工作就是規劃。所謂的規劃，也不是擺上去就算數，還要確認設計規則（design rule check），避免缺陷（defect）或顆粒雜質（particles）。此外，要確認各種邏輯運算（Boolean or logic operation）是否正確，以確保各種設計是正確的、設計規則也能確實運作。最後，還有光學修正（optical proximity correction，OPC），這個光學補償，概念就是不同的設計圖形會有不同的曝光補償，以確保元件或線路是我們需要的形狀。這曾經可用直覺的物理概念解釋，但後來

完全超過人類可以處理的範圍，已經是幾千個 CPU 才能計算的世界，需要強大的計算力與人力。

最後，就是請光罩公司製作我們的設計，這裡通常還會有最後一次檢查：job（deck）view。這次的檢查就真的已經是光罩會做出來的形狀，也會有這裡的設計規範（mask rule check）。確認無誤後，就往前一步吧，這時候若是還有錯，可能就有點麻煩了，是個壓力山大的第一步。

第二階段：帶貨人生

這一個重頭戲就是帶貨。帶貨本身是個壓力很大的工作，而相應而生的分析更是頭痛的部分。一般而言，可以將完成整套流程（flow）視為三個概念，第一，生產站點，也就是以模組（module）打組合拳。模組的分類不外乎長薄膜與刻出結構的概念，以此做出所需要的結構。第二，檢驗站點。這概念很直覺，做了什麼事總是要確定是不是如想像一般，比如長了一層薄膜，當然要知道多厚；挖了一個坑，總是需要知道這坑長什麼樣子。第三，問題檢查站點，這則是買保險。有些比較容易有狀況，或者是我們希望檢查異常的站點。要確認其情況，比如 CMP 後可能刮傷、蝕刻後可能很多雜質等，這都會導致日後

產品良率受損。整個過程就在這三個循環中運行，最後一步就是常聽到的 WAT（wafer acceptance test），這是最後確認晶圓是否可用的測試，測試完畢後基本上就算完成階段性任務。

補充說明一下這個過程。在出光罩的階段時，就要開始準備跑貨。這過程有數不盡的細節跟重點，但就一個新下線的產品而言，不外乎的模式就是準備一批貨作為前導，也有人會稱為掃雷，確保真正的第一批貨能夠順利過關。不同的光罩，會由於不同的圖形及比例，不管是當層或前層，都可能使原本黃光的參數跑掉（最基本的就是焦距 focus 及能量 energy）。因此在正式的貨來之前，各站點建議都是該做聚焦能量矩陣 FEM（focus/energy matrix），確認曝光的結果是我們所需要的。除此之外，各種厚度、結構、平坦度等，都需要確認，避免換了光罩結果什麼都不一樣了。建立這些程式雖然都是各個模組單位的職責，但最終判決還是整合的工作。然後，也要確認各種缺陷，這些都需要第一次的程式建立，也必須要在真正的第一批貨到站前完成。由於這些過程一般而言僅需結構上的驗證，元件性能相關的分析都無需處理，也就是離子植入（implant）站點都不做，所以通常也會稱呼它是結構晶圓（structure wafers）。而確實有做完離子植入且可分析電性的電性晶圓（device wafers），則是真正的結果。當然，由於離子植入後有

時材料性質有所改變，這時候需要的謹慎度就更高，前導車也得乖乖將離子植入做好做滿。

另外，缺陷在意義上有很多形式，但在線上討論的還是以物理性的為主，也就是能夠以顯微鏡（光學的或者電子束）觀察。通常，不外乎是顆粒雜質（particle）、刮傷（scratch）、殘留（residue）等。這分類不能說恰當，畢竟光是雜質的種類就說不清，殘留也是一種雜質。也會有各種情況，比如光阻倒了或者沒有完整曝光、曝光圖形錯誤等，這些類型說也說不完。

而掃雷也不一定指前導處理的問題，有時候一些系統性問題的排除，也可以這麼稱呼。像這樣的行話，不同公司的解讀跟習慣不太一樣，進到公司後思考不僵化，多放開心胸，理解精神與適應文化就好了，不用過度堅持。其實作為一個整合工程師，如一開始所述，會有著大量的溝通需求，在紀律與彈性之間如何拿捏是相當重要的課題。

接著，是帶貨階段相對應的分析。一般而言有兩種分類方式，一種是線上線下，另一個概念則是電性與物性。電性分析最後可以延伸到產品階段，這部分最後一段再談。

分析第一種概念是做實驗。舉個例子，比如想要看一條金屬線是否足夠健康作為量產的金屬線，一開始當然要決定設計規則，線要多寬、線與線間隔多大。但到了線上，也許是黃光

或是蝕刻，線不能做得太粗；又或許是可靠性的原因，間隔必須大一些；也許電阻有要求，線也不能太細等。在檢驗站點時，我們要確認線寬是否如預期，也許這裡也會做上實驗，例如藉由不同設計圖騰，或者藉由曝光或時刻參數調整大小，或者由不同晶圓去量測電性或者可靠性，這些都是分析的過程。這時候，各種過往的知識、經驗、研究方法，都會派上用場。

另一種常見的實驗便是建造短流程（short loop）。要完成一整套製程，根據不同複雜度、工廠資源分配，跑個 2、3 個月可能是免不了的，這時候再來分析往往太沒效率。所以，設計一個短流程，加速得到實驗結果，當然是一個好方法。很多時候，為了讓模組的成員能夠分析製程參數，也會為其量身訂做一個短流程。總之，這很常見，但也考驗了設計者的功力，要同時兼顧效率與正確性。

另外，在這裡談分析，不外乎是對所需要的物體，能夠有充分的認識，大體上就是結構、材料特性、電學性質等。通常，在結構上需要顯微鏡的加持。常見的分析，除了用可見光看（就是光學顯微鏡）以外，利用掃描式電子顯微鏡（scanning electron microscopy，SEM），也是很典型的作法。另外，X 射線繞射（X-ray diffraction，XRD）、X 射線光電子能譜（X-ray photoelectron spectroscopy，XPS）、全反射 X 射線螢光光譜（total reflection X-ray fluorescence，TXRF）等，就是利用 X 光作為眼睛所產生的各種方法。或者，鼎鼎大名的穿隧式電子顯微鏡（transmission electron microscope，TEM），更是觀察精細結構中，最實用且高解析度的一環。而電子束所產生的各種輻射，或者各種散射繞射等資訊而相應而生的資訊，比如能量散射 X 射線光譜（energy dispersive X-ray spectroscopy，EDX）、電子能量損失光譜（electron energy loss spectroscopy，EELS），有太多可以運用的觀察跟使用場景，就不在此贅述。

不過說到底，不管如何分析，最終結論還是要由電學決定。

第三階段：良率與驗證

於是乎我們走向最後一步：出貨及驗證。在這階段中，最重要的課題就是拉良率與產品驗證。

其實出貨第一關就是文前所提之 WAT。在量產行為與研發、抑或實驗，關注的情況相當不同。若已經是安定量產的情況下，只要能反應產線穩定，基本上這些事就是越快越好。常聽到的 WPH（wafer per hour），代表就是晶圓在此站所停留的時間，為了盡快出貨，只要能維持品質，當然是越短越好。但研發與實驗的情況就是另一回事了，雖然時效性總是講究，但

若只是單純測試 9、13 或 17 個位置,這種非全部測試的情況,許多與機台分佈相關的特性就難以觀察。一般而言,線上分析所建構缺陷的分佈行為,都會嘗試連結機台的特性。電性分析也是一樣的,雖然同樣是好的元件,但也許中間與邊緣 MOS 的通道長度(gate length)因黃光而有不同,性能也就有不一樣的展現。

這時候的考驗其實相當大,畢竟這時候電學的行為,有時僅憑一己之力是無法解釋各種現象的。各種實驗也許是起源於元件工程所提的需求,但是否如預期又與模組的情況有很大的關聯,機台設備也許有無法輕易察覺的異常,或者是前面一批貨影響了我們的實驗等。

現代先進製程的晶片,百萬或者數千萬顆已是家常便飯,先進的應用處理器(application processor,AP)已經是用億為單位在思考。真正進到產品級分析的這一步,才是反應工廠及整個團隊能力的所在。整合工程師是否能夠消化產品部門所得出的產品良率分析,轉化為製造上所需要面對的困難,是相當艱難但卻重要的過程。當然,產品工程部門也得在這裡花上極大的苦心,畢竟只要一個關鍵缺陷,整個晶片就可能失效。如何拆解各電路的情況,故障分析,最後與整合合作找出問題,這過程所需要的通力合作,絕不下在帶貨時與工廠合作所必須

付出的。對產品分析來說，找到故障的點，用大海撈針的比喻一點也不為過，就算好不容易確定兇手就在僅有 1 平方微米的空間上，裡面可能也還是有上百個電晶體。更何況就算看到了故障的原因，整合也還得判斷問題可能來自於何種機器及站點，而模組團隊也得不斷地查找線上狀況、對應好發區域等。

然而，必須要考慮的並非只有良率。事實上，越是先進的情況，必須在越早期就引入可靠性的分析。而可靠性的需求，往往是與性能互相牴觸的。如元件的老化特性，往往隨著性能的強化而有所衰退，比如熱載子效應（hot carrier effect），就是由強大的電場（能夠提供高電流）而產生出來，破壞元件表面的鍵結。這因應而生的系統分析就是製程可靠性。而從產品的面向來看就升級到產品可靠性，為了能夠確保產品能在規範的時間內可用（常見是 10 年，但現代似乎很少人能一支手機 10 年不換），也就有了產品驗證分析，最常見的便是高溫操作壽命（high temperature operation lifetime，HTOL），也是客戶最關心的項目。很多時候，即使良率再高，要是掛在產品驗證這個環節，是會嚴重影響量產時程的。

所以，如一開始的前言所提的，整合作為 PM，思考不能過度偏向某個方向，尤其是作為開發階段的整合，不能只想著將產品開發出來，卻沒有思考到量產性。製程的空間（window）

相當重要。進入量產，考慮到機台展開，產生更多變異性時，沒有 window 的製程是很容易垮掉的。另一個面向，在於一個健康製程的開發，需要仔細平衡三個面向：性能、良率及可靠性。沒有性能的產品，好比只能開上時速 150 公里的法拉利，大概再可靠或者良率再好，也很難讓消費者趨之若鶩。但如果不重視良率，不論是研發初期只能一直在 WAT 卻無法驗證真正的產品的窘境，或者是量產時因良率不佳導致的虧損，也是無法彌補的困境。最後便是可靠性，這部分最恐怖的地方在於，由於性能與良率都已經被驗證，若產品在沒有可靠性驗證或者可靠性不佳的情況下就這麼進入終端客戶手上，使用後出問題而導致退貨，這損失的可不是只有金錢這麼簡單而已，還可能賠上商譽。

如何加入製程整合工程師的行列

技能 & 經驗

一個剛畢業的學生，如果想加入整合，面試官大概很少有固定的問法。這是由於對整合而言，需求的面向太廣，而一個剛畢業的學生，在每個領域都無法有效涵蓋這個需求。當然一

般情況下，電子電機相關的領域是最吃香的，理由是因為最終一切的一切，就是仰賴來自於電學的判斷。

　　而電子電機領域，一般而言只要是偏向固態領域的，半導體物理、元件物理、製程整合、基本的電子電路都能有所涉略，這對整合工程師的起步是相當有助益的。因此即便是不同領域，只要在這方面有相當的基礎，對於加入這行也將會很有優勢。不過，在面試的時候，技術能力雖然是關鍵，但既然談的是整合，如何將各個領域的專精連接起來，在陳述資源管理、衝突整合能力的強調上也相當重要。

轉換

　　作為一個合格的整合工程師，最大的好處就是有著綜觀全局的判斷，也因此可以轉換的路線相當豐富，工作選擇也相當寬廣。不論是要持續待在研發端多數單位（除非真的是很獨特的研發，走研究路線或者相當基礎工程的情況），或者是想要轉換模組及支援單位（如可靠性、故障分析、品質、產品等），一般而言不會有太大阻礙（最大阻礙也許是老闆不願意放人）。基本上，工廠或研發的多數單位都能接受一個訓練良好的整合工程師，而若想要跳脫工廠的話，設計公司、尤其是規模夠大

的，會相當需要一個能與工廠對話的工程師，英文一個常見的說法是「foundry interface」。由於設計公司對電學理解有相當程度的要求，又需要理解工廠語言，此時作為整合就是個相當有優勢的選擇。一般而言，設計公司內的產品工程師，就是眾多整合工程師在進入設計公司中常見的一個路線。

當然，不僅止於這些領域。若一個整合工程師確實在技術端有相當琢磨之後，會發現整體運作上走在更在前面的角色，如市場與業務。往這路線就要面對更不一樣的人生，但有著技術背景的前提下往這樣的路線走時，是更有一些不一樣的眼界。或者，也可以考慮往服務路線前進，比如客戶工程，或者各種客戶服務。這個要求其實並不輕鬆，並不是客戶有需求就直接轉給工程部門（雖然還是看過很多……），而是與客戶有相當專業的溝通，消化並為工程部做第一線的問題分析，對於降低工廠負擔有莫大的助益。

最後的最後

其實，作為一個整合工程師，平日不容易考慮到這麼多。而且就整合角色的定義來說，即使是上面所述其實也無法面面俱到。要成為整合工程師，一般來說專業上的需求可以說太多，

也可以說都不那麼關鍵。電學背景的人，對於最後電學分析的理解相對容易上手，但與模組的溝通或在製造上的理解相對薄弱；而材料物理化學背景的人，卻是容易在製造及分析的問題處理完後，對電性的領悟較為不足。一切還是仰賴學習的心態，是否除了在精進自己強項之外，還願意拓展知識及思考的多面向。最忌諱的，就是如「看到黑影就開槍」的思維模式，作為整合相當需要觀察全貌，萬萬不能過分偏頗，或者走向樣樣通、樣樣鬆的窘境。

Chapter 4

製程研發工程師

掃地僧

經歷

台積電　製程研發副理

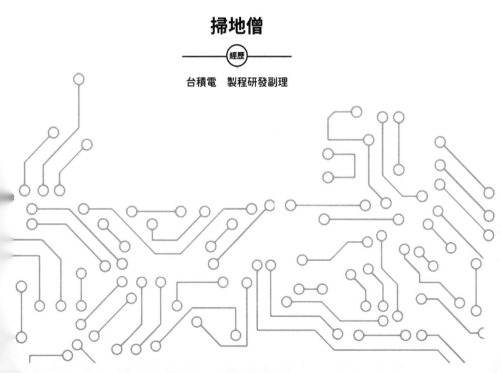

製程研發工程師：讓想像變成真實

兢兢業業的護國神山

近年來，由於各種地緣政治因素的影響，台灣的半導體工業成了全球矚目的焦點。特別是晶圓代工的相關產業，在台積電的領頭下，打造出了全世界不可或缺的供應鏈。從新聞中曾把半導體產業稱為「矽盾」，並將之形容成在國與國之間博弈時台灣不可或缺的武器，不難看出其在世界各國眼中的地位。

曾經聽過一個說法：「台灣的半導體產業都在做代工，沒有什麼技術可言。不像美國那些知名的公司，做設計且有自己的品牌才是王道。」這個說法，在像英特爾（intel）或是三星（Samsung）這種整合元件製造廠（integrated device manufacturer，又稱 IDM 廠）技術領先台灣半導體產業的年代，可說是盛極一時。當時台灣縱使擁有晶圓代工前兩名的公司：聯電與台積電，但在許許多多的半導體從業者，以及研究半導體領域的莘莘學子眼中，卻總是矮那些擁有自己品牌的公司一截。

然而，隨著時序的演進，台灣的半導體製造產業，猶如臥

薪嘗膽的勾踐，堅持走出了屬於自己的路。不被認為是高技術產業？沒關係，我們就磨練極致工藝，做到讓全世界都沒有辦法超越！也正因為秉持著這種信念，時至今日，包括晶圓代工、封裝、測試等領域，台灣公司的全球市佔率都能名列前茅。這一連串的成功，也讓大家開始產生疑問：「過去被稱之為『只會代工』的台灣半導體產業，技術面真的有很薄弱嗎？」

我想，答案顯而易見。

在這四十載與世界一流公司的競爭當中，台灣的半導體公司除了要能夠在「製造出產品」的層面磨練到出類拔萃外，在「工業技術領先」的層面上，也一直跟其他的半導體大廠進行真刀真槍的互搏。畢竟，商場如戰場，在關鍵的時間點上技術落後，很可能使得整個公司的發展腳步萬劫不復。而讓台灣的半導體業像是赤壁之戰的孫劉聯軍般，在數十年的逆境中反敗為勝，除了需要有東風（機運）相助外，能在戰場上奮勇殺敵、以一擋百的戰鬥部隊，才是真正改變戰場的關鍵。而這廝殺拚搏技術領先優勢的戰鬥部隊，就是各公司的研發單位。

十年磨一劍，深藏功與名

如果要形容各公司的研發單位，最合適的樣板應該是「天

龍八部」中的掃地僧人。在各路英雄沒有闖入少林寺藏經閣前，沒有人知道這邊有一個隱世高手。平常的他，掃掃地、讀讀書，或許三不五時就拿少林寺的武功秘笈練武強身，但是從不在人前露面。直到慕容博跟蕭遠山一路打進了藏經閣，事情發展走向難以收拾的局面，掃地僧才跳了出來，一次鎮服各大高手，消弭了那場紛爭。

在商業競爭的路上，許多公司也會養著這樣的研發單位。平常他們不事生產，只是一次又一次地進行著很多不知道會不會成功的嘗試。從短期的眼光來看，他們是公司虧損的一大來源；但是，當公司面臨超前人家一步就可以搶到大筆生意的關鍵節點，又非得要靠著這票人的研發成果出來救場。相信對於很多每天站在成本與獲利的天平上苦惱的經營者來說，這樣子的單位，會讓他們又愛又恨。

但是，對每天都在追逐技術領先的半導體業，這樣的單位絕對是不可或缺的。以晶圓代工為例，自從英特爾的高登·摩爾（Gordon Earle Moore）提出了著名的摩爾定律[1]起，所有與製造晶片相關的產業，以及這些產業的下游端客戶，無不卯足全勁去讓自己公司的腳步能夠貼合該定律的預測。一代又一代

---

1 摩爾定律：積體電路上可容納的電晶體數目，約每隔 2 年便會增加 1 倍。是一種對半導體發展趨勢的預測定律。

體積更小、速度更快、更低耗能設計的晶片，就這麼應運而生。10 年前的我們，聽到的還是 28 奈米世代的輝煌，莘莘學子們想像或學習的，還是「平面金氧半場效電晶體」（planar metal-oxide-semiconductor field effect transistor，planar MOSFET）這種教科書上可以查閱到的元件結構。10 年後的今天，不僅元件結構變成了天差地遠的直立型「鰭式場效電晶體」（fin field effect transistor，FinFET），晶片的世代，也一路從 28 奈米微縮成 3 奈米。這麼巨大的變化，就更需要仰賴研發單位的努力，來讓公司確保技術領先。

講了這麼多，其實大部分都還是形容詞。外人看著半導體界的研發單位，往往是霧裡看花。在這篇文章中，筆者就以自己曾經的經歷，向大家介紹一下所謂的研發，到底是在做什麼。

讓想像變成可能

在這個晶片要越做越小、速度快，卻又希望能耗跟散熱表現可以越來越好的時代，許多製程設計都開始挑戰物理的極限。而業界的技術研發，與學界做先進研究是不同的。在理工科就學過的大家應該都知道，不論是碩士生或博士生，其研究的題目常常是只要有 1、2 個樣品能夠出現預期的結果，就可以成功

的建構模型並發表學術論文。然而，在業界的技術研發卻遠遠不是這麼簡單。一個新的技術，除了單一元件要能夠達成預期的表現外，還要能重複驗證在相同晶圓上的每一個元件，讓整片晶圓「良率」[2]能達到一定程度的水平。畢竟，業界宣稱研發成功的技術，是要真正能夠量產的。近幾年，三星屢屢在新聞上「宣告」自己的技術成就，卻一次又一次在實際供應客戶產品後，因為良率過差而被客戶抱怨，進而將單子轉給台積電。三星遭遇的失敗，在在證明了「達成」與「成功」不是同一種概念。

此外，現今的半導體業界，可謂是一個「贏者全拿」的血腥戰場。當你技術輸給競爭對手時，失去的可能不只某些客戶的青睞，而是所有的客戶都會倒向你的競爭對手。畢竟，製作晶片的業界有競爭，客戶在產品端也一樣會有競爭。如果能夠用最好的晶片來製作產品，是不會有人願意選擇使用次一級的晶片的。所以，除了技術上大家得要拚腦力，研發速度在產業界的科技研發中，也是非常重要的考量。

在筆者曾經服務過的台積電，針對這樣子的業界挑戰，就有著完善的組織規劃。

2　良率：晶片上所有元件扣除不良品後良品所佔的比例。

　　先把我們的眼光放到半導體元件的結構上。一個給客戶的晶片設計，通常會包含不同的邏輯／功率元件，以及各類隨機存取記憶體等。而這些不同的元件，光是單一一個元件結構，就牽涉到很多製程工序，更遑論把全部的結構整合進同一個晶片內部。因此，要能夠順利的把一個晶片開發出來，我們先是要能把所有元件結構拼湊在一起，並讓所有的元件順利運作。這一塊，在台積電，是由製程整合單位來負責。

　　而待製程整合設計完成後，就開始進入細部執行的層面。這麼窄的線寬，氮化矽（SiN）或是氧化層（SiO_2）薄膜能夠塞得下去嗎？如果塞不下去，那該怎麼解決？蝕刻想吃出不同大小的孔徑，但先天光阻能夠定義的區域就不夠小，這樣又該怎麼修正原本的蝕刻製程？隨著科技持續地進步，線寬持續地縮減，有很多的製程條件都在挑戰物理極限。像上面所舉的例子，在研發的過程中更是層出不窮。在台積電，這個部分就會交由製程研發單位來解決。最後，在元件設計有了雛形，開始驗證出元件特性後，讓設計出的元件從「達成」邁向「成功」，將良率從實驗室水準提升到量產等級，就要仰賴良率精進單位來協助分析，並夥同製程整合與製程研發單位共同處理。

　　製程整合、製程研發與良率精進，是台積電研發的三本柱。也正是因為這三本柱，讓台積電能夠磨劍 30 來年，進而一舉超

越英特爾與三星兩隻大猩猩，躍居世界領先的地位。

接下來，就讓筆者帶領著大家，開始實際走進製程研發單位。看看身為 8700 之一 [3] 的研發人員，是怎麼樣度過他們的一天。

製程研發工程師的一天

報告！0830 早點名！

「哈囉各位，如果人到齊了，大家就準備準備，要早上 huddle meeting 囉！」

沒錯，不用懷疑。雖然身為研發單位，但每天早上，我們還是會有像是早自習一樣的小 meeting。如果各位還有印象，台積電的創辦人張忠謀先生，就曾在新聞揭露，台積電的研發是「7×24」的進行。所謂的「7×24」，就是「每週 7 天、每天 24 小時，研發的腳步都不中斷」。台積電是一間高度自動化的公司，藉由公司的系統，許多機台的運作可以靠自動化來進行。托自動化的福，在技術開發的層面，有許許多多的實驗，工程

---

3 截至 2023 年 6 月 30 日台積電的官方統計資料，時至今日或許有更多人投入。

師可以靠著安排好實驗流程與機台端操控的參數後，自動地進行。很多時候你在下班前想到的 idea，隔天早上可能就會有初步的數據可以提供分析與討論。也正因為如此，每天早上這個 huddle meeting，就成了研發單位第一次的腦力激盪。

在這個會議中，通常我們會用類似圓桌會議的方式，由每一個人初步說明自己近期在進行的專案，並分享目前的成果。主持會議的人通常是單位主管，除了一個一個聽取各工程師的專案報告外，還會就該主管在其餘層級所接收到的資訊反饋給各工程師，以即時地修正大家努力的目標。這個對工程師的反饋其實很重要，舉例來說，客戶可能在今年的第二季給予我們的目標是要追求元件的操作性能。在跟製程整合充分討論之後，製程研發單位訂定了達成目標的某個方向。

然而，正當我們往這方向努力衝刺時，客戶可能會因為市場需求，目標突然轉變成需要元件節能。這樣方向上的轉彎，對於製程研發單位來說是很可怕的。當半導體技術走到現在這個階段，各種製程條件其實都是在狹縫中求生存。滿足元件操作性能的條件，很可能是宰良率的元兇。要是沒有辦法即時理解我們需要端出怎樣的菜給客戶，很可能會浪費很多時間在錯誤的道路上，而時間，恰好是研發單位最重要的資產。藉由這個大家齊聚一堂的會議交流資訊，對於在最前線的戰鬥部隊來

說，是非常重要的一環。

　　經過早上這第一輪的腦力激盪後，工程師的一天工作正式開始。

創新與紀律的左右互搏

　　台積電的第一線製程研發單位，主要分成兩大塊：先進技術模組建構（Advanced Technology Module Development，ATMD）與製程研發中心（R&D Process Center，RDPC）。這兩個單位是一種上、下游的關係，彼此之間的合作非常密切。在經過各種實驗的佐證後，才設定出最適切條件，以供製程整合進行進一步的驗證。如果我們用做起司蛋糕來做比喻，ATMD 的職責，就像是設計出這塊起司蛋糕食譜的主廚。該使用哪一牌的起司？起司、牛奶與蛋的比例應該是多少？蛋糕的口感要綿密還是蓬鬆？中間是否要加入其他內餡？藉由持續的了解客戶（台積電製程研發的內部客戶，通常是製程整合）的需求，反覆修正一塊又一塊的蛋糕口味，最後呈現出讓客戶讚不絕口的成品，這就是 ATMD 最重要的使命。

　　而 RDPC 則是 ATMD 的下游，用相同的方式比喻的話，就是把 ATMD 調整出的蛋糕配方，實際扔入產線內，測試看看這

樣子的蛋糕是否可以變成能夠量產賣錢的產品。不管是打蛋、顧烤箱、製作奶油、塑型等，藉由忠實執行每一個設計的步驟，驗證這個食譜是否可以穩定的製作出相同品質的起司蛋糕。如果在驗證的過程中，任何因為設計上的缺陷，導致成品品質不穩定的狀況，RDPC 都要即時的回頭與 ATMD 討論，並一起想出解決的方法。

因此，談到製程研發工程師一天的工作內容，就會有 ATMD 與 RDPC 兩種不同的面向。ATMD 的工程師，通常在早上的 huddle meeting 結束後，就會開始檢視自己手上各項 project 的進度，並開始執行其中未完成的項目。製程整合對各種製程結構的特殊要求，是我們每天的挑戰來源。如同前面筆者一直提到的，我們的工作是一直挑戰物理的極限。所以，各式各樣稀奇古怪的要求，你都可能會在這個單位聽到。

如果是一個才剛結束學校知識洗禮的新鮮人，在遭遇這種狀況時，常會非常不習慣。舉個例子，在學理上，某個元素在矽基材中的固態溶解度有一個上限，但是在製程整合的模擬跟計算中，這個數值必須被推升至物理極限值的 3 倍，才能夠滿足我們對元件設計的需求。乍聽之下這很荒謬，如果在經過古聖先賢的淬鍊所得到的理論能那麼容易被打破，理論又怎麼會被稱之為理論？但是，反過來思考，如果我們事事遵循物理極

限的限制，而不去思考更多不一樣的可能，又怎麼會有新製程的誕生？所以，身為一個擁有偉大理想、想要改變世界的製程研發工程師，常常只能在這介於現實與想像中的暫態適應，每天痛苦並快樂的工作著（咦？）。

除了滿足製程整合端的需求，反手 ATMD 還要跟 RDPC 維持充分的溝通。就工作的性質而言，ATMD 比較像是研發單位，RDPC 則更偏產線一些。因此，往往 ATMD 天馬行空的製程設計，在 RDPC 的眼中，離可以上線仍舊有許多缺漏。所以，在好不容易經過一些初步的實驗定義好製程設計方向後，工程師得把這些東西整包與 RDPC 開會討論，一則確保這製程方法不會挑戰到機台的可操作極限，二則在正式放入 RD 的迷你產線試產前，能做一個更完善的風險評估。

而 RDPC 工程師的工作內容，則大部分與負責的 RD 迷你小產線有關。工程師會被分配到負責的機台，而顧好這個機台的產出表現，就是每天的第一要務。很多人會覺得奇怪，機器不是最不會鬧脾氣的嗎？怎麼會需要用人力來緊盯？誠然，被設計出來的機器，在每一次運作的可靠度上面，是有一定程度的把握。但是，壞就壞在，半導體元件所在意的維度，是我們肉眼不可見的奈米、甚至埃米等級。在這種維度底下，任何一點非常微量的風吹草動，都會影響產品的產出結果。

　　所幸，在過去許多前輩的努力與吸取教訓中，台積電對機台有一套完整的監控機制。藉由這樣子的機制，我們能讓機台所產出的產品表現的波動，限縮在可以接受的範圍內。所以，RDPC 工程師每天最優先的工作，就是利用這個監控機制，審視所有負責的機台，即時發現異常、即時止血。此外，在技術研發的過程中，對機台的監控機制不會永遠一成不變。舉個例子，如果某一種製程對於溫度的敏感度是每上升 1 度改變 A 奈米，我們就可能會利用這個敏感度，設計對應的監控機制。然而，當尺度微縮，或是為了產品的需求更動該製程時，溫度的敏感度可能變成了每上升 1 度改變 B 奈米。這個時候，原本的監控機制就會失效，RDPC 工程師就得發揮自己對這套製程的熟悉與專業，思考如何更動這個機制，以重新讓機台恢復可控。

　　在過程中，當然少不了要做很多的實驗、查閱很多 paper，並將相關的資訊與 ATMD 工程師一起討論。在定義出新的監控機制後，還要經歷產品製造的實際考驗，以確保最終交接給工廠時，他們可以利用此方法來監控產品表現與機台狀況，確保生產的良率以順利量產。台積電能夠在近幾年在技術上彎道超車英特爾與三星，這兩個單位的通力合作可謂是功不可沒。

如何加入製程研發工程師的行列

技能 & 經驗

在過往與很多年輕朋友們的面談裡，或是在網路上的各種評論當中，常常會出現一個問題：「我在學時是學 XXX 的，好像跟半導體差距不小，我有機會加入製程研發單位嗎？」

相信每個已經投入到半導體業的工程師們，都會有跟筆者一樣的感觸：「學校學到的東西，在公司能用上的少之又少。」基本上，除了部份在研究所時就在接觸與半導體元件相關研究題目的學生外，絕大多數試著要進入半導體產業界的新鮮人們，對所謂的半導體工程都不太熟悉。也許他們可以簡單地說明金屬氧化物半導體場效電晶體的架構，以及可能有哪些製程方法會參與其中，但這樣子的知識離真實公司所開發的產品，還是相距十萬八千里。然而，縱使對於半導體製程的了解只處於皮毛階段，他們卻還是能夠加入這個行業，到底關鍵在什麼地方？

一個字，心。

半導體製造的工作，絕對不會是有趣的。誠如前面所介紹的，開發出獨特的研發技術，不會是身處研發單位的人員所追求的終點。能夠應用在產品上，並讓這產品走向量產，才是我

們追求的目標。然而，這樣子的目標，過程絕對不會輕鬆有趣。且不論要解決各種開發過程中的疑難雜症要經歷多少痛苦，就算是已經有了解決方案，在邁向量產的過程中，還得持續反覆進行各種枯燥乏味的測試。

雖然這麼說比較八股，但如果各位是問筆者的意見，那我個人覺得，要成為一個製程研發工程師，在技術能力以外，更看重的會是像灌籃高手中、櫻木花道向老爹宣告的那壯士斷腕的堅毅決心。而我也相信，「毅力」與「決心」會是眾多帶人主管在擇才時所考量的第一要件。至於專業能力的部份，舉凡電子電機（當然，這個比較適合製程整合）、物理、化學、化工、材料等相關科系，都有機會在製程研發的單位中，闖出屬於自己的一片天。畢竟教科書上所教導的知識，只是帶你走入工作領域的敲門磚。師父引進門，修行可都是看個人。

面試重點

聽筆者拉哩拉雜地講了這麼多，有志於投入半導體製程研發的朋友們，相信除了想知道相關單位的發展性跟特質外，還會有一個更實際的問題：

「面試的時候，我會被問什麼問題阿？」

誠然，筆者的想法無法代表此領域的所有主管們；然而，筆者確實可以分享一些經驗，讓各位朋友有個初步的了解。首先，專業領域是一定會在面談過程中被討論的。雖然前文筆者曾提過：比起你現在會什麼，你的心，對公司來說更重要。然而，在面談短短的時間裡，要是筆者說我可以清楚地判斷你是一個怎麼樣的人，各位一定會認為我莊孝維。相反的，詢問專業領域的知識，對面試官來說就是一個安全牌。

在這邊給大家的第一個建議，就是「不要為了迎合公司，而花過多時間惡補半導體製程相關知識」。各位要知道，公司裡頭所知道的半導體知識，基本上都一定超過教科書的範疇。面談時表示自己了解半導體製程，大概有很高的機率會引起主管好奇，並追問一些較為深入的問題，這時各位可能就得承擔膨風被拆穿的苦果。不論你的本科是走哪一行，筆者強烈建議各位還是以展現自己本科專業度為優先考量，輔以對半導體製程知識的涉獵，會在面談時更容易讓面試官留下印象。

此外，對於跟單位的特性有關的問題，在面談時也一定會被詢問。像是以筆者過往在台積經歷過的面試為例，「你對於進入無塵室工作的接受度如何？」以及「你是否能接受在有特殊狀況時迅速回公司待命的加班需求？」就是很常會被詢問的問題。在台積電，製程研發工程師是在最前線打仗的士兵，而

既然是在前線打仗，相信每一個帶隊官都不會希望自己喊打喊殺時，一回頭後面卻沒人。當然，工作的選擇是個人自由，不見得每一個人都需要讓自己接受單位的任務安排。但是，在面談時充分說明單位的特性，以及直截了當的詢問面試者是否可以接受某些特定狀況，對面談雙方而言也是一種尊重。

扣除這些跟工作內容性質相關的詢問，剩餘的就是各主管的自由發揮階段。很多時候，主管都是利用面談的過程，來了解各位是怎麼樣的一個人。所以自由發揮的問題，也就會五花八門。像以過去筆者自己的標準，會喜歡任用比較有團隊意識的學生。那麼，像是學生時期的社團經歷、在研究所實驗室時跟其他人合作研究的內容，或甚至是是否喜歡團隊性質的運動項目等，都會是筆者詢問的範疇。另一個筆者會很在意的是責任感，具備足夠的責任感，工作上才值得託付。因此，諸如之前研究內容的執行細節、擔任社團幹部時如何參與社團的運作，或是各位遭遇過什麼困難以及困難後來如何解決等，都會在閒聊過程中被提及。

這些問題，其實都沒有標準答案，你的回答是不是符合主管的想像，也並不代表面談者本身的好壞。筆者常會將面談比喻成在相親或是交男女朋友，雙方是不是能夠順利在一起，其實看的是一種緣份。不要太在意制式化的形式，若是在面試時

每一個可能被問到的問題都想充份準備的話，很容易患得患失，反而沒辦法在面談過程中展現出自己最好的一面喔！

未來發展

對想加入的新鮮人來說，除了「該怎麼加入」是一個值得關注的議題外，「未來能有怎樣的發展」相信更是大家點讚率居高不下的問題。其實，製程研發相較起製程整合，發展方面不諱言是比較侷限一點的。畢竟製程的研發著重在深，而製程整合則著重在廣。如果你是期待往後可以更偏向產品面與客戶面，甚至未來可以跳槽到客戶端，那製程研發工程師的角色，可能就無法滿足你的需求。

但是，如果我們談的是在一間公司本身的重要性與發展，我相信製程研發單位絕對是舉足輕重的角色。以筆者曾經服務的台積電為例，製程開發可以說是台積電最重要、也最核心的技術。台積電的全名，是「台灣積體電路製造股份有限公司」。看到了嗎？「製造」二字，可是明明白白地寫在公司名稱上。這就代表著半導體元件產品的製造，是台積電最重要的本業；而製程開發的專業知識，是半導體元件產品製造的根本。在製程研發單位裡，不但每天都在接觸最新穎的產品設計、每天都

在跟研發的進度打仗，更重要的是還能接觸到各種跟產品量產相關的知識與技能。具備這樣子的能力，對於在台積電內部各工廠間的調度或升遷，都很有發展性。別忘了台積電擴廠的新聞一直有，甚至由於地緣政治的關係，許多海外的廠區都在安排中。若有志於建廠開疆闢土，希望能衝刺出屬於自己一片天的朋友們，好好在這邊磨練，會是一個很好的選擇。

就算退而求其次，不喜歡走工廠的路，對於製程研發單位所擁有的知識，也絕對是獨一無二。製程整合設計出再漂亮的結構，如果製程開發者不點頭，那個設計也就只能胎死腹中。雖然技術的專精，讓製程研發工程師所能走的路較為受限，但在某個領域成為「專家」，對公司而言也會是不可或缺的存在，重要性自然也就不言而喻。

寫在最後

從一個懵懵懂懂的畢業新鮮人，到現在能夠得心應手，筆者在半導體的製程研發單位經歷過許許多多不同的挑戰。如果問我自己的感想，我會覺得，做製程開發的工程師，很有職人風範。你必須要在不可能中挑戰自我，也要在開發的路上追求完美。就像是一台保時捷的內裝，不放過每一個細節。每一種

工作都有它的苦處，但也會附帶著成功後的豐碩果實。人生中的選擇，不可能只有好處而沒有代價。如果，你是一個期待自己能夠擁有頂尖的專業知識，又能永遠跟著公司最前端技術前進的人，製程研發工程師，會是你一個不錯的選擇！

Chapter 5

封裝
工程師

Darren

經歷

台積電　先進封裝研發工程師／ Google　封裝可靠度工程師／外商封裝工程經理

IC 封裝工程師：晶片界的建築師

　　各位朋友們，今天我們要聊聊晶片製造這個神奇的領域，就像一場奇幻大冒險，讓我帶你們一探究竟！首先，我們來到上游，這裡有那些神祕莫測的 IC 設計師，他們就像是電影裡的天才科學家，搞出一堆看起來超厲害的東西。接著，我們來到中游，這裡是晶圓製造的神工鬼斧，包括前段（FEoL-front end of line）的電晶體製造，以及後段（BEoL-back end of line）的金屬佈線層製造。最後，我們進入重頭戲——下游的封裝（packaging）與測試（testing）。今天，我們的主角就是這個封裝領域！

　　來來來，為什麼晶片需要封裝呢？想像一下，當晶片在晶圓階段製造完成後，它就像一個剛建好的小房子，沒有門窗，完全沒辦法跟外界溝通啊！這時候，IC 封裝工程師們就像是勤奮的小矮人，為晶片建造橋樑、樓梯和電梯，讓它能夠跟其他晶片或電子產品系統說哈囉！封裝工程師們的工作，就像是給晶片穿上了量身訂做的超級防護服，帥到沒朋友！

　　不僅如此，晶片可是個嬌貴的小傢伙，非常精密且脆弱，所以封裝的首要任務就是給它穿上盔甲，保護它不受外界侵害。還有啊，封裝工程師們還得絞盡腦汁考慮晶片的散熱設計、可

靠度、電訊號完整性以及電遷移等問題。這些挑戰就像是腦力與技術的大亂鬥，每一個細節都至關重要，因為這些都是確保晶片在電子產品中能夠穩定運行的關鍵因素。

所以啊，各位朋友，下次當你手中的電子產品運作順暢時，記得偷偷感謝一下那些默默工作的 IC 封裝工程師們。他們可是晶片界的超級英雄，用他們的智慧和汗水，讓我們的科技生活更加美好！來，給他們一個大大的掌聲！

IC 封裝：按照開發流程的幾個知識領域

讓我們進入 IC 封裝的神祕領域，看看這過程中有哪些精彩的知識領域！一一揭開它們的神祕面紗。

封裝結構的設計

封裝設計的首要任務就是要為晶片打造一個合適的「家」。這包括根據晶片的需求，比如尺寸、所需整合的晶片及元件數量，來定義晶片的物理架構。同時，還需要考慮製造的可行性、成本控制以及晶片使用環境下的可靠度評估。就像給新家挑選合適的家具一樣，這個過程既有趣又充滿挑戰。

晶片散熱設計

當晶片進行高速運算時，它就像是在辦公室裡拼命工作，會產生大量的熱量。散熱設計的工作就是確保晶片能夠保持在合適的溫度範圍內，避免過熱。以下是兩種常見的散熱方法：

- **高效能運算晶片（HPC）**：這些晶片就像是辦公室裡的高管，對散熱的要求非常高。常用的散熱設備包括散熱鰭片、風扇，對於超高功率的晶片，還可能使用熱管（heat pipe）配合風扇或液冷系統。

- **行動裝置（如智慧型手機、平板電腦）**：這些裝置的內部空間非常緊湊，通常使用高導熱性的銅箔或石墨片來幫助散熱。少數高端手機可能還會使用熱管，以確保散熱效果更佳。

材料的開發

封裝材料的開發就像是為晶片量身定做的「衣服」。這需要深厚的物理或化學知識，才能找到最適合的材料。隨著先進封裝結構的變化，對材料的需求也在不斷變化。主要領域包括：

- **電性能**：高導電材料和低介電材料對電性能和熱性能有重要影響。

- **熱特性**：高導熱材料如石墨或介面散熱材料，確保晶片不會變成小火爐。
- **機械性質**：需要保護晶片的材料，如 Mold compound 和 Underfill，需要了解化學和力學領域的知識。
- **熱學與力學耦合（thermo-mechanical）特性**：需要考慮材料在不同溫度下的機械性質，如熱膨脹係數、楊氏模數等，確保材料在升降溫過程中的穩定性。

封裝製程的開發及管控

　　封裝製程就像是建造一座大樓，需要決定工藝類型、製造流程、設備選擇、材料選擇和製程參數。每一項都會影響到最終的成本和品質：

- **工藝類型（technology）**：每家公司有各自的專利和工藝優勢，選擇合適的工藝就像選擇最適合的建築設計方案。
- **製造流程（process flow）**：即使是相似的封裝結構，不同公司或工程師對堆疊的方式也可能有所不同。這就像是制定建築施工圖，流程的確定至關重要。
- **設備評估與選擇**：每個製造站點可能有多種設備選擇，設備的評估影響到製造良率、材料消耗和設備成本。

- **材料選擇**：選擇合適的材料就像挑選建築材料，需要與供應商協調，以確保材料的適用性。
- **製程參數（process recipe）**：包含製造細節，如處理方式和參數調整，確保量產前找到最佳製程參數。
- **製造效率、良率與品質管控**：針對良率不佳或品質問題，需要進行失效分析，找出原因並提出解決方案，就像是進行建築質量檢查，確保一切達標。

IC 封裝未來展望

隨著半導體技術的迅速發展，IC 封裝也不甘示弱，湧現出幾個令人興奮的前沿技術。來看看這些未來的明星技術吧！

異質整合

異質整合就像是一場科技大派對，將不同的晶片或元件整合到一個封裝中。這種「派對」能為晶片整合帶來幾個好處：

- **功能性整合**：就像幫每個派對來賓安排專屬座位，我們把不同功能的元件放進一個封裝中，形成一個多功能系統。例如，智慧型手機裡的處理器經常使用 PoP（package-on-package）

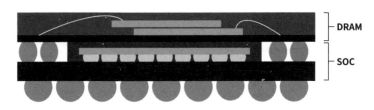

PoP（Package-on-Package）

結構，把動態記憶體和邏輯晶片堆疊成一個單一封裝，真是
科技界的「合體」演出！

● **性能優化**：想像一下，派對上賓客們坐得很近，聊天速度自
然快了。異質整合也是如此，縮短元件間的距離，優化電
路設計，提升整體性能。例如 2.5D 的 Chip on Interposer on
Substrate 封裝，通過高密度窄線寬的矽介層連接高頻寬記憶
體（HBM）和邏輯晶片，縮短它們之間的溝通距離，提高運
算性能，讓計算也能「說快話」！

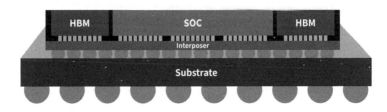

2.5D-Chip on Interposer on Substrate 封裝結構

- **尺寸微縮**：想像一下手機內部空間像是一個超擁擠的房間，除了主機板，還得塞下相機、麥克風、電池等小物件。SiP（system-in-package）技術就像是為這些「小物件」找到了完美的擺放位置，節省了 30% 的使用面積，讓主機板有更多空間去發揮。

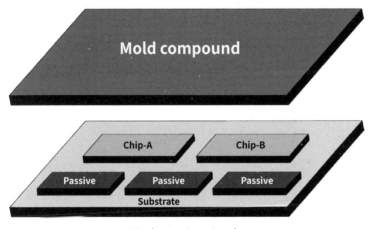

SiP（system in package）

- **降低晶圓成本**：最近，Chiplet 技術成為摩爾定律的「救星」。雖然這個概念不算新，但需求卻越來越強烈。隨著先進製程的晶片價格一路上升，將先進節點晶片和成熟節點晶片封裝在一起，就像是把高檔和實惠的組合拳打得更完美，既降低晶圓製造成本，又讓封裝成本有所控制。

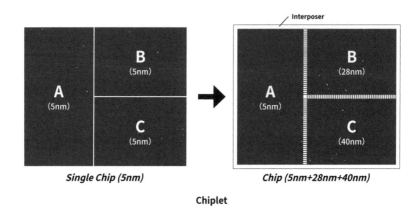

Chiplet

立體堆疊封裝

　　立體堆疊封裝技術，如同積木一樣分為 2.5D 和 3D 堆疊，幾乎成為半導體界的熱門話題。每年的研討會上，這些技術都會引來不少關注。

- **2.5D 堆疊**：利用矽中介層（Si-interposer）作為晶片之間的連接橋樑，矽中介層沒有主動元件，因此不算 3D 堆疊。就像是給積木搭建了一個平台，讓不同層次的積木可以穩定地堆疊起來。

- **3D 堆疊**：把兩個以上的主動晶片堆疊在一起，稱為 3 DIC。這就像是一個多層的積木塔，每一層都能發揮其獨特的作用。

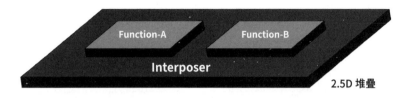

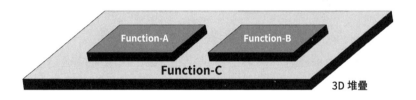

新設備與新材料開發

　　隨著新封裝結構的誕生，新設備和新材料也在不斷被開發。設備商和材料商爭先恐後推出更適合的產品，這為供應商們提供了一個巨大的市場機會，就像是科技界的淘金熱一樣，充滿了潛力和機遇。

IC 封裝的挑戰與有趣之處

● **規格一致性**：在半導體的世界裡，封裝與晶圓製造就像是兩

個不同的宇宙。晶圓製造有著相對統一的標準，專注於微縮
元件尺寸和提升性能，像是用幾奈米、MOS 類型（如 FinFET
或 GAA）來劃分。但是封裝領域就像是有無數種風格的裝飾
品，不同的設計和方法讓統一的標準變得像是在尋找獨角獸。
除了專利壁壘外，封裝的多樣性還與各家的歷史背景有關。
比如，台積電的封裝專長主要在晶圓階段，而一些傳統封裝
廠或面板廠則專注於板階封裝，這導致設備和製程的差異化。

- **熱學與力學耦合之挑戰：**當封裝尺寸變大，無論是橫向還是
  縱向的擴展，都會引發力學挑戰。封裝結構需要承受製程中
  的溫度變化以及通過嚴格的可靠度測試。當堆疊結構在不同
  溫度下膨脹率不同時，會產生額外的應力，如果這些應力無
  法得到有效控制，可能會導致材料破壞或過度翹曲。隨著封
  裝體積的增大，這些問題也會變得更為嚴峻，就像建築物在
  高溫下可能會出現結構問題一樣。

- **晶片散熱：**晶片的總面積加大意味著功率也會隨之上升，從
  而增加熱能的產生。因此，當新的封裝結構誕生或封裝體積
  增大時，首要挑戰就是如何高效散熱。這就像是給一個高功
  率的設備裝上超強散熱系統，以確保它在「高溫下」運行時
  仍能如魚得水。

- **成本與良率管理：**新封裝型態的誕生不僅僅是為了科技的進

步，更是為了降低晶片成本。理想中，封裝結構的成本應該低於晶片所節省的費用，否則這項技術的引入就失去了意義。然而，先進封裝通常是針對先進晶圓製程，若封裝良率控制不佳，就會損失不少晶片的成本。因此，良率管控不僅影響封裝的成本，還會直接影響到晶片的利用成本，就像是經營一個生意，經費的每一分每一毫都需要精打細算。

封裝工程師的主要工作範圍

在這個令人興奮的封裝世界裡，封裝工程師就像是一部精密的機械裝置，運轉著整個封裝過程。根據我和夥伴的豐富經驗，我們對這些工程師做了一番細緻的分類，特別是基層工程師的角色。以下是我們對基層工程師的分類，考慮到他們的經歷和職級不同，比重上也會有所變化：

封裝廠——製程整合工程師：封裝廠的指揮官

大家常聽到工程師要「帶貨」，那我們今天要介紹的帶貨方式，主要有兩種：製程整合工程師（負責整合各站點流程）和製程工程師（專注於單一站點的製造）。製程整合工程師就

像是製程中的指揮官，專門負責將整體產品的各個部分無縫銜接。

在公司內部，這些整合工程師需要深入了解產品的每個流程，包括生產、測試以及品質保證。他們的工作是協調各製程站點，保證整體生產流程的流暢與高效。從識別並解決潛在的製程問題，到確保每個站點的操作都能符合標準，他們的目標是讓生產良率達到最佳。

而在對外方面，製程整合工程師也有一份「外交任務」。他們需要與客戶密切溝通，了解並轉化客戶的技術需求和期望，

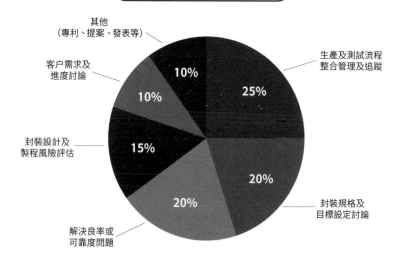

封裝廠——製程整合工程師

其他（專利、提案、發表等） 10%

生產及測試流程整合管理及追蹤 25%

客戶需求及進度討論 10%

封裝規格及目標設定討論 20%

封裝設計及製程風險評估 15%

解決良率或可靠度問題 20%

將這些要求轉化為具體的製程參數和操作流程。他們還需要與供應商和外包廠商合作，確保所有外部製程環節的順利運行，讓每一個細節都不出差錯。

封裝廠──製程工程師：封裝製程中的細節掌控者

在封裝製程的複雜世界裡，每個生產站點都需要一位專業的製程工程師來擔任「現場指揮官」。製程工程師的工作重心在於建立和優化生產參數，以確保生產過程中的良率、時間和

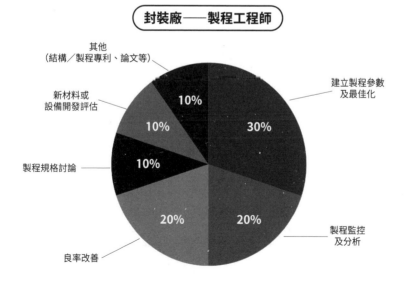

封裝廠──製程工程師

- 其他（結構／製程專利、論文等）10%
- 新材料或設備開發評估 10%
- 製程規格討論 10%
- 良率改善 20%
- 建立製程參數及最佳化 30%
- 製程監控及分析 20%

成本得到有效控制。

這些工程師需要深入了解各個生產站點的操作流程和技術要求。他們的職責包括監控生產數據，及時分析和識別潛在問題，並迅速採取措施進行調整。製程工程師還負責定期進行製程審核，確保所有生產活動都符合標準操作程序和品質要求。因此，在工廠中，製程工程師的技術經驗和專業知識可謂是公司最珍貴的資產之一。

IC 設計公司──封裝工程師：從概念到實踐的橋樑

在 IC 設計公司的封裝工程師職位上，你將擔負起 IC 開發過程中封裝設計的全盤掌控責任，從需求端（客戶）到生產測試端（供應商）都必須瞭如指掌。這個角色需要廣泛的經驗和深厚的技術知識。封裝工程師不僅要精通 IC 的電性和物理特性，還需熟悉各種封裝技術的優缺點，如 BGA（球柵陣列）、QFN（無引線四方扁平封裝）和 SiP（系統級封裝）等。

在設計階段，封裝工程師需要與設計工程師密切合作，確保封裝設計能夠滿足 IC 的性能需求和可靠性要求。必須考慮熱管理、電性能和機械強度等因素，並進行相關的模擬和測試。

此外，封裝工程師還需與供應商緊密合作，確保生產流程

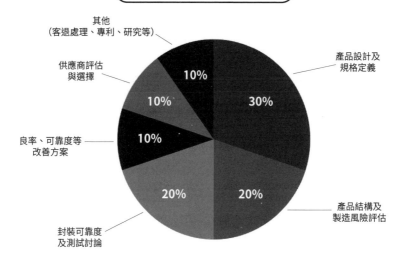

IC 設計公司——封裝工程師

其他
(客退處理、專利、研究等) 10%

供應商評估
與選擇 10%

良率、可靠度等
改善方案 10%

封裝可靠度
及測試討論 20%

產品設計及
規格定義 30%

產品結構及
製造風險評估 20%

的可行性和成本效益。

產品系統公司——硬體封裝工程師：負責蓋大房子的人

在電子產品製造流程中，硬體封裝工程師扮演著至關重要
的角色。他們負責將封裝好的晶片放入實際產品中，是真正懂
得如何妥善使用晶片的關鍵人物。這包括選擇適合晶片的封裝
類型，以確保最終產品能夠符合性能和可靠性需求。

硬體封裝工程師需要深入理解晶片的電性和物理特性，並

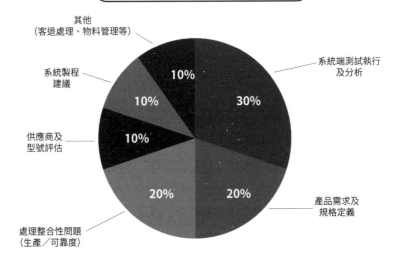

根據這些特性來制定封裝設計要求。他們必須考慮熱管理、電性能和機械強度等因素,確保封裝能夠支援產品的功能需求並達到設計標準。

此外,硬體封裝工程師還需與設計團隊緊密合作,確保封裝設計能夠充分滿足晶片的功能需求和規格要求。他們可能會參與產品原型的建立和測試,並根據測試結果進行封裝設計的優化和改進。

封裝模擬分析工程師：揭示設計背後的真相

　　封裝模擬分析工程師利用先進的專業工具和技術，深入分析和評估封裝結構的性能與可靠性。他們的工作是現代封裝技術不可或缺的一部分，尤其在面對先進封裝技術的複雜性和成本挑戰時更顯重要。

　　在封裝結構設計的早期階段，這些工程師會進行多種模擬分析，以評估不同設計方案的風險和性能。他們的工作範圍包括但不限於電性能分析、散熱分析和力學分析等。每種分析方

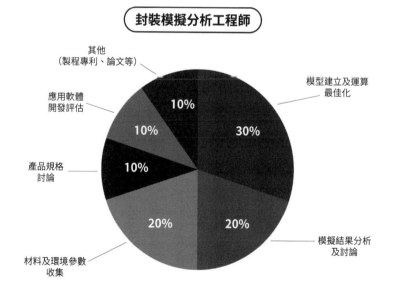

封裝模擬分析工程師

其他
（製程專利、論文等） 10%

應用軟體
開發評估 10%

產品規格
討論 10%

材料及環境參數
收集 20%

模型建立及運算
最佳化 30%

模擬結果分析
及討論 20%

法都專注於特定的設計需求和技術指標，幫助設計團隊在開發過程中做出明智的決策，確保最終封裝能夠達到預期的性能和可靠性要求。

▎如何加入封裝工程師的行列

技能 & 經驗

想成為 IC 封裝工程師？那麼恭喜你，因為你即將踏上電子工業界的「建築師」之路，打造未來科技的基石！封裝領域就像是電子世界的拼圖，缺少任何一塊都不完整。這裡有幾條通往這個神祕領域的捷徑，讓我們來看看如何成為這個超級英雄的主力軍：

- **電子工程**：如果你喜歡把電子元件拼湊成一個個神奇的電路，並希望確保每個信號都能流暢無阻，那你就是封裝世界的電路魔法師。你的任務是設計封裝電路，確保電訊號像高速列車一樣平穩運行，避免任何小小的擾動造成大麻煩。

- **材料科學**：你對各種材料的性質如數家珍，甚至能把一塊石頭變成未來科技的核心？那麼你就是封裝世界的材料巫師。從新材料的開發到材料之間的完美融合，這個領域需要你像

魔法師一樣掌握各種材料的祕密。

- **機械工程**：如果你對力學和熱流有著天生的興趣，那你就是封裝界的工程巨人。你需要解決溫度變化帶來的應力問題，並確保晶片在變溫過程中不會出現裂痕。讓晶片保持冷靜，就像給它穿上一件超級冷卻外套。

- **高分子化學**：高分子材料像是一位封裝工程師的最佳朋友。如果你能把一堆化學物質變成保護晶片的超級英雄，那麼你就是這一領域的化學高手。從 Underfill 到 Mold compound，你將是高分子材料的終極大師。

- **外語翻譯**：在日系材料供應商或設備商那裡，你的翻譯技能就像是超能力。如果你能用流利的日文或中文與他們溝通，那你將是封裝界的翻譯超人，幫助橋接技術和語言的差距。

　　根據你的興趣，選擇一條成為封裝工程師的道路就像選擇超能力一樣有趣。你可以在學校裡選修跨領域課程，或攻讀雙學位，為你的封裝工程師之旅做好充分的準備。無論你選擇哪條路，這都是一個令人興奮的冒險，讓你成為未來科技的英雄！

面試重點

(1) 封裝專長完整度

- **問題示例**：你在封裝領域的專長有哪些？能否舉例說明？
- **應對策略**：強調你的專業技能和經驗，無論是設計、材料分析、力學還是散熱。舉例說明你在這些領域的具體工作經歷，展示你如何掌握和應用這些技能。

(2) 熟悉的封裝類型

- **問題示例**：你熟悉哪些封裝類型？在這些封裝中遇到過哪些挑戰？
- **應對策略**：列出你熟悉的封裝類型（如 BGA、QFN、SiP 等），並具體描述你在這些封裝類型中的經驗和遇到的挑戰。分享你如何克服這些挑戰的實際案例，展示你的問題解決能力。

(3) 風險評估及解決問題的能力

- **問題示例**：能否舉一個例子，說明你如何評估風險並解決問題？
- **應對策略**：選擇一個過去的實際案例，詳細說明你如何識別

風險、制定預防措施，並在問題發生後有效解決。強調你的
分析能力、組織能力和創新解決方案。

（4）應用題

- **問題示例：** 如果遇到以下情況，你會如何處理？（面試官可
  能會給出具體情境，如封裝結構失效或材料問題）
- **應對策略：** 仔細聆聽問題描述，並展示你的分析過程。解釋
  自己如何評估問題、收集數據、制定策略和實施解決方案。
  若面試官的問題看似試探性或具挑戰性，也要注意不要透露
  過多的公司機密或策略，保護你的專業界限。

Chapter 6

測 試
工 程 師

Joe

經歷

京元電子　研發中心測試工程師

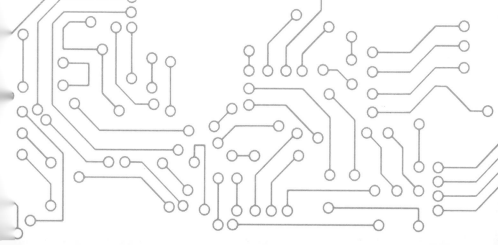

測試工程師：
讓美食上桌到客戶前的專業服務守門員

半導體測試，是一連串的晶圓製造、各式各樣的封裝，這其中的把關守門員。這些把關是擴及從每片每顆不同功能的晶圓、晶粒內，其內部的眾多功能是否運作正常，且正常以外仍需要寬廣的可用範圍容許度，其規格確認以及定值設定等。

這就有如，你想炒一盤美味的菜餚（IC），需要使用與搭配不同的廚具與餐具，如：瓦斯爐與油煙機（晶圓製作），又或是不同類型的擺設與裝盤來強調菜餚的顏色與美味（各式封裝）。我們（測試工程）就與食譜創作者（IC 設計）一起共同確保煮好的各個菜餚及配料（晶圓與晶粒）都是在理想的狀態，在開胃菜／飲料、前菜、主餐／飲料、餐後甜點／飲料等（各種測試條件與組合），個別依照不同的需求搭配不同樣式的擺盤後（各式封裝），要依照不同的時間的順序、需求、習慣、客戶等依序提供與端上享用（測試結果過關，打包與寄出）。

半導體製造過程把關的眾多測試檢查點： CP/FT/BI/SLT/RI

晶圓製造後的探針量測（chip-probe，CP），又被稱呼為探針測試，因為晶圓的可量測點與間距，都非常非常的小（數十微米級，x10um），可以供量測點的可作動機械空間更是非常有限且微小，所以量測工具會像微小細如髮絲的彎曲針頭，接觸到晶圓上的微小量測點，來供電以及運行著各種不同的檢測程式與軟體。

在晶圓篩選好的晶粒出來後，就會將好的晶粒轉送至不同大小、設計、應用等，進行封裝程序作業，變成各種不同外觀的 IC，準備讓各個需求的公司裝配到它的系統載板（PCB）上。但，在那之前，整個封裝過程會有很多的異質整合與接合，也因為經過封裝過後，整體的電性與溫度乘載能力也會有所不同與提升許多。也因此需要最終出貨前所有功能的規格測試，以及其對溫度與使用規格極限的耐受度檢驗。以上，我們稱呼它們是最終測試（final-test〔FT〕and burn-in〔BI〕）。也同上所提，在這個階段的可量測點的機械結構與間距更大一些，但依然必須要精密加工製程控制（數百微米級，x100um）才能穩定生產。

上述兩大類的功能、規格、應用等的篩選與檢測，大多會

以下列幾個範疇來分類：基於不同情境下，可使用與最大或最小，可耐受的極限或是可操作的工作電壓（1200V 以上～ uV 以下），其工作負載電流（1000A 以上～ nA 以下），或與其廣域的工作環境溫度（125 攝氏度以上～負 40 攝氏度以下），以及其設計的各項不同應用環境的對應功能等，對所有功能的各個細項功能的測試與檢驗。這所有的資訊與資料收集後，將會彙整成資料庫，作為儲存、分類、分析、分級，以及提供出貨後的歷史追蹤與歷程建立。

在上面做了那麼多的檢查與檢驗後，IC 就準備上載板準備出售了。但，在前述許多的測試項目中，並不是實際應用上的測試軟、硬體的組合，所以系統階段的檢測模式（system level test，SLT）也由此而生。這項測試，主要是確保眾多 IC 經過那麼多道的測試後，在真正上載板時，也可以完整沒有問題的發揮出其設計的所有功能與能力。除了測試的軟體環境會等於實際使用的狀況，所使用的硬體也是相同於實際系統的條件，只是 IC 仍然是透過 IC 插槽（socket）來與載板通信，並未接合、焊接上去。

經過系統組合與驗證過後，IC 就會被打件 SMT，接合上載板，準備打包銷售。可是目前像伺服器、AI、HPC、車用等的應用需求越來越多，且終端客戶對其耐用要求以及推、換貨的

標準與時間成本也越來越高，所以再增加了一道完成品、實際整機的高負載測試（run-in，RI）。這會是最後的最後一關了，通常會以兩個方向來準備與進行，其中比重較高的是模組化的整機測試，這通常會在系統廠來進行驗證與穩定度最終的調校。在這樣的情況下，要面臨的壓力將會有兩個方向：一則提前找出不穩定僅需拆裝模組做替換；另一則會出貨後，才被發現問題整機、整組退貨！所以每一個項目、每一道檢驗與測試，都是環環相扣並且非常重要。

測試工程師的一天

如前述所說，在測試工程的這一份崗位上，是有機會觸及各式各樣不同的產品、測試架構與功能、測試設備，以及其各個不同的軟、硬體的協調與分工。

測試工程師有時像是兼任導遊、建築師、美食家、預言家於一身。

旅遊專案，導遊觀光：規劃測試專案

這是一份與許多人共同腦力激盪與分工合作的安排，且規

劃是以月為周期，計畫進度執行是以每週、甚至每日來進行追蹤與跟催。記得某客戶前輩說過：別人的 1 年是用 365 天再過，我的時間數字卻只有 52，因為是用「週」來計算時間……，會讓人更要把握寶貴的歲月時光。仰望遠方，青春不再～～。

每個 IC 設計公司以及新的案件，就如同想要去不同地方旅遊的客戶一般，會想比較各家旅行社與不同的行程，看看哪些最符合自己的需求，這也對應到不同的測試流程組合以及時間、資源的安排。這些安排的測試流程與資源的組合，針對不同的產品、需求，便會進而延伸出各種不同的測試專案。

好的，選定旅遊計畫的內容與需求了，再來就逐步的做好準備，隨著每日的行程，一步一步的協同所有不同的食、衣、住、行、地方特色加上文化遺產，豐富參與旅客的旅遊體驗與回憶。

同樣的，與客戶或對應的產品的測試流程擬訂後，類似於上述流程對應的幾個部分如下：討論、選擇、資源、排程、定檢、反饋、修訂、驗收等。

依序對應的內部會包含：

- 討論：產品屬性與功能所預估需求的測試條件與項目。
- 選擇：挑選適合的測試設備以及需要製作對應的測試載板與配件。

- 資源：對應其工程實驗或是其後的量產需求，來規劃所需設備與配件的數量與成本。

- 排程：每個項目條件的設定與調整；軟體、硬體的各項變動逐項所需時間以及相互之間的關係和順序；既有的資源下相互協調的借機排序以及後續需要試產及量產的設備調度與準備。量產的計畫超過現有產能時，需要並行準備投資配套準備計畫於投審會、經管會等。

- 定檢：主要計畫與所有子、次、次次等分支執行線的逐項追蹤，週會、月會、季會、半年會、年會……。

- 反饋：每次會議的追蹤、回顧與檢討，審視各個項目之間的狀態與落差，做逐項的調整，減少與拒絕發生不可預期的驚嚇！

- 修訂：變化與不足之處總是會存在於各細節，計畫總是趕不上變化。

- 驗收：根據不同需求、不同目標，依序依照不同的計畫時間點，來做不同的條件、規格、測試功能站點、品質檢驗站點、包裝運送以及貨物必達。

建築藍圖，分工合作，層層疊構：建立測試軟硬體設施

所有的計畫經過上述擬訂之後，所有的不同環節就會分頭進行、同步展開，之後各個節點整合、順序匯流、節點監測與階段分析反饋，然後成果收集。

再次回顧測試工程需要接觸的幾個環節：

〔CP、FT、BI、SLT、RI〕

〔架構、功能、規格、應用範圍、實測〕

這數個測試主項目，最主要的待測物，如上述，是會有變化的。依序會從晶圓（wafer）、晶粒（die）、各式不同封裝的積體電路（SoIC、CoWoS、InFO、MCM、LGA、BGA、QFN、TSOP、DIP 等）、載板、模組（module）等。

第一階段，硬體，設計符合各種不同待測物型態，所對應機台設備的測試載板。

- CP：探針卡（probe card）
- FT：測試載板（load board）、待測卡（DUT card）
- BI：可靠度測試板（burn-in board）
- SLT：系統卡（system card）
- RI：量產產品（products）

第二階段，軟體，依據產品規格與功能，基於國際各種協

會協定下，各種通訊協定的使用、客製、特製成各樣的測試程式來使用。在進一步，會根據不同的使用情境與環境條件，加上測試時間、測試功能涵蓋率、溫度分配（負溫、室溫、高溫等），測試成本權重等，來做不同的組合、選定與搭配使用。

第三階段，從工程實驗移轉到量產擴展機台放量期間，還會與產線團隊、品質確保的同仁和客戶，一起將所有需要驗證的測試產品、各機台的差異性驗證、驗證、工程、量產流程等，全部展開。雖然可能不同產線、甚至不同區域、地區位置，但全部的人、機、料、法、環，都要保持說、寫、做一致。

整個過程，就有如在開設分店一般，分店中所用到的人、事、時、地、物，全部都要保持一致，出來的效果與產品都要一模一樣。

美食評鑑、市場預測：執行產品測試及了解產品應用

所以當買家、饕客、最新科技需求者，拿到、吃到、用到這些美好的產品、美味的食物、最新炫技的產品之際，測試工程師就有如專業的建築團隊或是星級餐廳團隊，將其展現與把關，提供給每一位消費者來使用與體驗。也因為是深入了解每道測試的製作環節與細節，測試工程也更能了解箇中的奧妙與

精隨。

隨著對測試產品的了解，與更多的量產、數據與經驗的累積，若你很細心且對產品應用及其市場脈絡有在追蹤與觀察的話，那恭喜你又多了幾項技能，可能可以成為關係著日後產品熱門與否的網紅產品評鑑師，甚至是股海名嘴預言師，唷！雖然有點誇張，但也是在忙碌的眾多工作中，帶來多種不同的工作樂趣～～。

如何加入測試工程師的行列

技能 & 經驗

這個領域需要許多專業進修，並專注於精益求精。要有兼具數量與廣度、長時間專業知識的累積與訓練，我們才會越來越懂得為何而做，以及做的事的前因與後果。但，其實大家都是來自各種領域的學科且對此工作有興趣的人們，即使是非相關科系，只要對這份工作有熱情且主動與積極的學習，許多人也是在此領域發光發熱。所以很大一部分，還是在於自己的對於工作上的心態，專注、好奇、創意、主動、團隊合作、跨部門合作等的人格特質會更為重要。

　　心對了、適合的人就是你。話說，測試工程領域會有哪些類型與個別的工作內容可以參與發揮呢？讓我為大家概略的整理成下表：

CP Chip-Probe	Hardware	=> Probe Card design
	Software	=> Testing program for Wafer
	Production	=> Data collection, Analysis, Yield optimization
FT Final-Test	Hardware	=> Load Board design for IC multi-conditions
	Software	=> Testing program for IC
	Production	=> Data collection, Analysis, Yield optimization
BI Burn-in	Hardware	=> Burn-in board design for IC reliability
	Software	=> Burn-in program for IC
	Production	=> Data collection, Analysis, Yield optimization
SLT System Level Test	Hardware	=> System Card for IC
	Software	=> Testing program for real-applied operations
	Production	=> Data collection, Analysis, Yield optimization
RI Run-in	Hardware	=> IC or Module product
	Software	=> Testing program for real-applied operations
	Production	=> Data collection, Analysis, Yield optimization

如上述,為各位概略整理、層別分級與分類,主要以階段、分到類型,再分到項目。各位可以看到,不管在哪個階段,基本上都涵蓋著:硬體(Hardware)、軟體(Software)、生產製造(Production)。那這些所關聯的學科與技能,概略也可分類如下,給大家參考。硬體:第二、三類學群(電機電子、AI、光電、物理、化學、自控、生醫、機電等);軟體:第二、三類學群(資訊、電機電子、AI、光電、自控、生醫、機電等);生產製造:各類學科皆不拘。

其實各位可以發現,進來參與到這個行業的門檻,沒有大家想的這麼難喔!只要你們會其中一項,就有機會加入並貢獻一己之力,貢獻於社會與造福人們。

面試重點

面試準備的基本包、幾個方向與內容層次,建議如下:

◆ 公司基本認識與產業特性

當然,最入門的就是網路、公司網頁、相關類型的產業屬性、內容與服務細項。再進階一些,就會建議延伸查詢應用產業類型的上、中、下游相關的關係服務產業的關聯、互惠與服

務關係鏈。再進一步，則是近期、幾年內的產業新聞、趨勢脈絡、未來可能的發展趨勢與應用規劃的可能。

◆ 專業領域或是通才職能的火力展示

就以剛畢業的社會新鮮人為例，不外乎在校學科成績、社團表現與經驗、校內／外技能職能比賽、工作經歷與經驗、專題報告與比賽、學術專題研究、海報與創作發明研究之期刊登載、學術或與業界合作之論文創作之發表等。來為自己的綜合能力之長處與各項專業擅長技能加分。

◆ 曾經遇過的困難為何？如何克服困難，以及如何解決？

這個部分的分享，可以說是自己學生生涯或是人生旅途的回顧與審視，觀察自己的獨立自主性與團隊之間的溝通協調能力是否足夠。同時，這個環節也是很多面試官、單位主管、公司最為重視的人格特質之一，更是挑選人才的考量標準。

◆ 工作內容的諮詢、自我興趣、專長與工作類型的媒合配對

對所面試的工作，再進一步的詢問與細節的討論。這除了更深入地了解工作應用的內容以外，重要的是，在眾多且廣泛的測試工程領域中，在你自己覺得有興趣、有挑戰性且喜歡的

工作屬性，如前表中硬體、軟體、還是生產管理的各種工作類型與領域中做思考，表達與選擇自己最有興趣的工作跑道，且表現出積極、正面思考、主動學習等態度。

未來發展

在這個領域成為資深高手或是想要學習不同領域的中途轉職時，有非常多樣性的跑道可以選擇。可以由業內同屬性的工作，或是不同屬性但相關的上下游合作等，作為未來可能的選項。

◆ 測試工程同屬性（不同測試機台的學習、開發與轉換）

在這個行業與眾多的產品測試應用中，會有許多不同的平台與功能，個別的分散或是各有所長的功能，來應用或是專用來做測試與量產使用。又如上表所提，又有許多的不同站別分佈在晶圓切割前、後，又或是封裝成不同的形式與樣態。如此，若你是喜歡技術與工程的學習與鑽研，除了這些平台的鑽研與專精外，未來可以一步一步晉升到測試工程管理職，甚至以部門、處、製造中心等的高階主管職。這對於各個公司來說也是非常樂見的，一是累積公司內部的人才與能量，二是公司更願

意用人唯才，讓親手一路提拔的員工成為公司的支柱。

◆ **測試工程不同屬性（測試流程管理、品質如何管控、設備或配件維護）**

當工作一段時間後，總是會與各單位有各項的業務工作協商與交流。某一天，可能對這工作倦勤，甚或是對其他不同類型屬性的工作有了興趣，那可以做什麼調整或是改變？以下是與測試工程密切相關的合作夥伴，也是轉職斜槓時，對你而言會有一定熟悉度，或是轉職陣痛期較短的選擇。

● Product Manager：Improve production progress / flow / yield

● Production Planner：Manage production to meet and achieve shipment target

● Quality Assurance：Assurance production follow flow and monitor the spec

● Equipment Engineer：Maintain stability of machine and accessories

◆ **測試工程上下游技術合作與擴展（測試配件、技術、程式、設備、衍伸應用）**

若你對只是使用那些測試設備，覺得無法滿足，但他們總

是無法及時或是非常緩慢、甚至不會提供任何的更新與改變。可是你對那部分卻充滿好奇，還想要更深入了解與鑽研其內部設計，且覺得你有機會一展所長。加上在這個行業已經熟能生巧，多年無對手可敵，這或許是如同演而優則導的另一種選擇與可能性。也有不少這樣轉換跑道後的共同合作，日後也激發出許多不同的火花與新的成就，甚至更上一層樓的技術發展里程碑。

▌半導體測試相關的知識小補帖

以下為常見的半導體測試分類，以測試製作好的晶圓，或其封裝後的電子元件的各項參數、設計方法、封裝尺寸、信號功能接腳的安排等與該設計功能的、系統作動或其等效電路功能、製造材料的耐用性、其設計的規格能力等：

1. Wafer testing：晶圓上每一顆晶粒的功能與規格測試。
2. Package tcsting：在晶粒經過封裝於基板之後，對其所有功能與規格的測試，再加上高、低溫測試條件下，確保其功能與運作能力，將其篩選分類。
3. Quality Assurance testing：品質確保篩選取樣性測試。
4. Device Characterization：量測待測 IC 的操作極端規格條件。

5. Military testing：精確且廣域的使用功能確保測試。

6. Incoming Inspection：採購進貨時的品質篩選取樣測試。

7. Pre/Post Burn-in：對待測 IC 施加高電壓、高溫度、伴隨高負載的功能程式，所進行的壓力測試。

8. Assembly Verification：針對 IC 封裝在功能機板上後，對其物理性的結構強度的破壞性測試。

9. Reliability Analysis：藉由不確定與隨機的變數測試與分析。

10. VLSI test：廣義的超大型積體電路測試。

11. PCB test：印刷電路板的製程品質檢測。

12. Board test：印刷電路板經過電子零件上件後，打件 SMT 的品質與穩定性測試，及其電路設計功能測試。

13. System test：整機組裝後，對其操作環境對應的軟、硬體，整體功能性、協調性、誤動作等的操作功能的廣泛性測試。

14. Power supply test：電壓／電流的供給、精確度、監控、保護能力測試。

15. Purpose of test：特殊目的、特定功能測試。

Chapter 7

產品
工程師

Vincent

經歷

台積電／聯發科技　產品工程師

產品工程師：半導體產業內的萬事屋

　　所謂的萬事屋，是在日本動漫產業中所創造出來的一種特殊職業設定，就是可以幫助委託人解決各種疑難雜症的店鋪。不熟悉半導體產業的人們，通常一聽到「產品」工程師，往往第一個聯想到的，都會是品保或品管這類型的職務性質。事實上，根據筆者長年在產品工程界打滾的經驗來說，最接近這個領域的描述，萬事屋，可算是一點也不為過。

產品一生的重要時刻都會有你的參與

　　顧名思義，產品工程師的工作任務當然就是跟產品息息相關，上至產品開發的技術支持，下至產品量產後的良率維護，都時時刻刻繞著產品本身在打轉（有沒有覺得才開始讀本章沒幾行字，就出現了好多次產品這兩個字？多到都開始覺得這兩個中文字看起來怪怪的了）。

　　如同章節標題所描述的，產品工程師通常會在產品生命周期的早期階段就參與，這個階段一般會稱為產品開發的過程。看到這裡或許你會想問說：開發？這個不是應該是設計工程師的工作嗎？的確，將一顆晶片的功能經由電路圖設計出來，這

會是設計工程師的工作。然而，回到一項產品最重要的價值核心而論，是它要能夠滿足終端客戶的需求和規格。畢竟，產品就是拿來賣給別人的，不是嗎？而產品工程師在產品開發階段的職責之一，就是和整個團隊中各個單位溝通及合作，從製程平台選擇（process node）到設計規則[1]檢查（design rule check），都是為了要確保日後的量產製造能符合客戶和市場的期望。

　　完成了第一階段的研發階段，就會進到第二個重要的里程碑，我們一般稱之為產品的初啟（bring up）階段。當你用牛津字典去查詢 bring up 這個英文片語時，會得到養育、撫養、培養的解釋，是的！不用懷疑自己是不是看錯了，這個用語的確是最貼近這個階段產品工程師的工作內容之一。這個階段我們最重要的工作，在於利用產品的先行晶片（early sample）和測試部門合作，收集關於產品的各項參數資料，進行功能以及良率上的驗證，將產品的狀態調整為符合客戶規格及量產準備。就如同字面上的意義，我們就像一位全方位的保姆，手把手牽著初來到這世界的小寶寶，教他如何從一步步踏出步伐，到成

1　設計規則（design rule）：此為半導體製造廠商提供給設計公司的一系列參數，目的在於確保晶片的設計藍圖能夠符合製造廠商的製程能力，以生產出高良率和高可靠性的產品。如果違反了設計規則，就會對晶片的功能有嚴重的影響。

長為一位可以獨當一面的青壯年。

第三個階段，就是所謂的量產階段，一言以蔽之就是：該賺錢啦！我相信在這一階段產品工程師的工作，也不用特別跟各位說明了，當然就是確保公司能夠靠這項產品賺錢！不過在座的各位，可別以為只要能大聲用力地喊出這句俗擱有力的口號，所有願望都能夠如願實現呢！冰雪聰明的各位讀者，在前面的章節內容中應該不斷被暗示與明示一項重要的產品指標：良率（Yield）[2]，這項指標就是我們能夠達成這一階段任務的最高指導原則。從持續監測分析數據以提升產品良率，提出改進方案和優化製造流程，進一步到提升產品規格競爭力，就是產品工程師在這裡的核心價值所在。

有沒有覺得，一項產品從出生（開發設計）到最後生命周期的結束（停止銷售和支援結束），都在我們產品工程師的陪伴之下，一同走過與見證這一段輝煌的過程呢？

▎產品工程師的一天

噹噹～噹～萬事屋開張囉～請問諸位客官今天有什麼需要

---

2 良率，在所有的產品中，良品佔的比率。
  良率 % =（總數 - 不良品數）÷ 總數 × 100%

委託幫忙的嗎？

從上一段介紹，各位讀者應該開始有感受到，舉凡跟產品有關的任何大小事，不管是前、中、後期，不論是規格開發、製程調整、測試監控到良率改善，都在產品工程師的管轄範疇內。雖然不至於自傲到能說是包山包海，不過至少大部分產品工程師都住（ㄍㄨㄢˇ）海（ㄏㄞˇ）邊（ㄅㄨㄢ），這我是給予肯定的。

整理數據，監控良率

通常一位超過 1 年年資的產品工程師身上，一定會背負著一項或一項以上的量產產品負責人（product owner）職務。而在量產階段，前面提到過，最重要的參數就是良率。所以當我們踏進辦公室打開電腦之後，第一件做的事情往往就是打開最新更新的良率報表，隨後取決於每個人的習慣不同，有人習慣先看表格化的數字，有人可能習慣看趨勢圖。不管是哪一種方式，我們想要立刻得到的資訊，不外乎就是良率是否穩定，有沒有什麼高高低低的意外發生。所以也有些人很喜歡將良率走勢的監控比喻為觀察股票市場，我們（投資人）都希望股票能夠一路往上（漲），只要一掉下來（跌），就會弄得膽戰心驚！

不得不說，筆者也是相當贊同這樣的形容。

　　這裡跟大家介紹個簡單又很重要的觀念，就是所謂的「產品生產線」，可是不會隨便停下來等人的！（如果今天真的突然停線了，那一定是發生某種重大的事故或問題，這又是另一個故事了）所以，如果某天當你看到良率往下掉，表示在生產線上可能出了什麼問題，而在這個問題還沒被確認解決之前，產線上的產品還是一直持續地被製造著。聰明的各位，看到這裡應該知道關鍵在哪裡了吧？沒錯，接下來的商品很可能全部都會受到這問題的影響！這可不是開玩笑的對吧！所以身為產品工程師，每當良率發生波動的時候，就開始了分秒必爭的吋刻，越快將相關數據整理分析好，就能越快找到問題的根源，做出對應的解決行動，就能將產品線的傷害減到最低，替公司省下更多的額外成本。

測試問題？製程問題？都是產品的問題

　　產品工程師的一項特殊性質，就是每天的工作除了必做的事情（如前面提到的良率監控）之外，剩下的時間會有很大的一部分就如同萬事屋老闆，在於接收和解決各個不同單位所提出的問題。由於所有半導體相關技術和事務的根本，就是產品

本身，所以當產品出了問題時，像是如果在產品初啟的階段，測試數據上不如預期，那麼需要澄清的人選絕對會有產品工程師，因為很可能第一個會被懷疑的就是在製程上是否有問題，所以這時我們就要盡快先做第一步的分析。每個階段（開發、初啟、量產）都會有不同的業務需求，甚至可以說這也是擔任產品工程師一項有趣的地方，就是你會接收到各種不同深度和廣度的問題，如果能在這其中將這些解決問題的過程和方法都吸收活用，這就是你在半導體業界發展的一項強大優勢。

會議的參與和討論

　　一項產品從開發到走進量產的階段，都是需要各方專家人馬的合作，那要怎麼有效地將各種不同的意見整合在一起呢？不外乎就是招開會議了。所以產品工程師的日常也想當然會充滿著大大小小、各式各樣的會議。如何在會議中做有效率的討論和產生有價值的結論，就是考驗工程師溝通能力的時刻了，如果沒辦法有效的完成會議，那你就會覺得會議只是一件惱人且浪費時間的雜事，甚至會變成日常中的一項壓力來源，因為上面的老闆常常在等著你跟他報告會議的結論，要從中去做重要的決策呢！

　　這邊也跟各位讀者分享一個開會的小技巧，就是開會前做相對應的準備是必然，但筆者認為，更重要的是，要先設立很明確的開會目的。有了明確的目標，才能在討論過程中將各種意見整合導向想要獲得的結論。比如說，你今天想要經由會議討論，總結出一項產品的上市日期，就不建議將會議主題叫做「產品量產需求的討論」，因為這樣的題目太過於廣泛和籠統，很容易大家七嘴八舌到最後只會讓議題越來越發散。那如果今天你是會議主持，會設定怎麼樣的會議主題呢？

掌握產品發展的脈動

　　身為產品工程師，還有一項比較容易被忽略但是其實很重要的工作，就是定期要跟行銷部門溝通和同步最新的產品發展路線圖（product roadmap），去了解自己負責產品領域的前景和未來。

　　《孫子兵法》有云：知己知彼，百戰不殆。想要讓自家公司的產品，在市場上能一直保有競爭力和領導地位的話，除了要熟悉自家團隊設計能力以及技術優勢所在之外，同時也要吸收整個業界的相關新聞及資訊，了解其他競爭者的新產品發表時程及走向。不過看到這邊，或許讀者還是不太了解到底什麼

是產品發展路線圖。用一個更簡單的方式說明，就將它想成是一張旅行社提供給遊客的行程規劃表吧！一張好的行程表上，最重要的資訊就是讓客戶能夠知道，什麼時間點要去哪個景點，可以期待什麼樣的風景，符合客戶的需求與想像。如何？有沒有稍微感受到這一項工作的重要性了？一份優秀的產品發展路線圖，不是為了搶客戶訂單而畫一張不切實際的大餅，而是需要整個組織通力合作去規劃，將產品的價值在對的時間點提供給最需要的客戶。

如何加入產品工程師的行列

怎麼知道產品工程部門適合自己？

把學科背景以及技術經驗的條件需求先擺一邊，我們來談談擁有怎麼樣的職涯期許和人格特質的人適合加入產品工程部門的行列吧。

首先，由於產品工程師職務特性，全面性的事務處理性質，從產品的開發到量產的管理都需要了解及參與，因此，筆者認為這是一個可以讓你熟悉整個半導體業界全貌的工作機會。換句話說，對於一個剛踏入社會的新鮮人而言，如果你還不清楚

自己的強項在哪裡，但是對於在半導體業界發展有興趣及充滿願景，這會是一個適合作為職涯起跑點的地方。而如果你本身已經在科技公司打拼了一段時間，但是比較偏專一領域（比如說統稱製程的領域中可以再細分成黃光、蝕刻等專門處理的單位），而你想要對整個半導體業界的其他領域有所認識及學習，產品工程部門也會是個適合你的歸所。

另一方面，前面有提到過，產品工程師有很大一部分的上班時間會需要頻繁地與人溝通，不管是參加面對面會議還是電話討論，所以和他人互動是不可避免且必要的。埋頭苦幹型的個性，或是習慣一股腦不管旁人意見往前衝的人格特質，也不是說就是不適合選擇產品工程部門，但可以預想的是，在這個領域發展的過程中，容易遭遇到比較多的挫折和困難。畢竟，萬事屋的本質就是要能接受各方委託，和各種領域專家合作及互動、解決問題，才能徹底發揮自身的價值。

贏在起跑點

看完上面這些介紹，我想各位應該心底已經有了一些想法和概念，像是自己到底適不適合加入產品工程師的行列，或是自己對產品工程師的工作內容是否有興趣。那我們接下來就可

以更進一步的了解一下，這個領域最好能夠具備的工作經驗和知識背景。

實際上來說，產品工程部門在晶圓製造廠、設計公司，或是系統廠中需要負責的項目可能會有些不同，但是不論是哪一種科技公司的產品工程師，都一定會需要和被主管要求一項必備能力。試著猜猜看會是什麼呢？

答案是……「數據分析」的能力。如何？你是不是猜半導體相關課程，比如說是元件物理，或是半導體製程技術？當然，這些會在大學或研究所上過的課程鐵定對處理專業問題有幫助，但前面有介紹過，身為一個產品工程師，整天都實實在地必須與數據資料（data）為伍。製程參數的資料、測試良率的資料、甚至晶片缺陷分析的資料，如何從大量且雜亂的數據中整理、找出不同變數之間的相關性（correlation）[3]，進而指出正確的方向，可以決定一個產品工程師（萬事屋老闆）的價值所在：解決問題的效率與能力。講得更實際且精確一點的話，一般常用的數據整理工具（如 Excel、JMP）和圖表分析（如 P-chart、Pareto）都是在數據分析過程中不可缺少的。所以，雖

---

3 相關性：在機率論和統計學中，相關性顯示了兩個或多個隨機變數之間關係的強度和方向。當這些變數呈現出明顯同一方向的趨勢時，我們會認為這些應變數可由自變數解釋的比例是高的。

然理工相關畢業科系很常會被人們認為是半導體業界的第一優先條件，但是筆者也是有認識從統計相關科系畢業的朋友，也能在產品部門發展得很好的例子。

至於工作年資或經驗在產品工程部門的需求，就可以比較概略地分為晶圓製造廠（如台積電、聯電、力積電）和設計公司（如聯發科、聯詠、瑞昱）兩大分類。前面介紹過產品工程這個領域算是滿適合剛踏入職場的新鮮肝，喔～抱歉，是新鮮人，尤其是對於加入晶圓製造廠相關公司有興趣的話。因為說老實話，不管有著多麼優秀的學科畢業成績，進入職場後，屬於業界的晶圓製程流程和知識技術都還是得從頭開始學起，畢竟學界跟業界可說是兩個截然不同的世界。

而另一方面，如果是想加入設計公司相關的產品部門，通常這些公司會開出需要至少 3 到 5 年以上的半導體相關工作經驗，而為什麼有這種差異呢？因為主要原因有兩點：首先，在設計公司的產品工程部門，通常會身負一項特殊的職責，我們稱之為 Foundry Management，就是專門對口晶圓製造廠的負責人，主要工作就是處理和監督自家公司去晶圓代工廠製造的流程。所以本身就一定需要有著半導體製程相關背景和知識，才有辦法去擔任審查和檢視官。再來，相較晶圓製造廠專注於製程本身而言，在設計公司擔任產品工程師常常需要解決的問題

會涵蓋更為廣泛一點的領域，像是設計規格問題、電路設計結合元件參數的除錯，或是到產品封裝量產的流程管理。因此可以說要加入設計領域的產品工程部門，年資門檻一般來說會比較高一點。

由於年資門檻會因為你想求職的公司而有所區別，但綜合來說，在面試時要注意的重點大同小異。一般來說負責面試的主管，都會想要知道求職者為什麼會想來面試產品工程這個職位，畢竟，從名稱來看，比較不像一些比較專精於特定領域的單位，能夠比較明確地指出自己的專長是否適合（比如像是類比電路設計工程師的職缺，你總不會在應徵面試時說因為我有測試機台修護專長的吧！）。所以這時候，我建議讀者可以將前面介紹的產品工程所涵蓋的業務範圍牢記在心，當作教戰手冊，進一步的針對其中一些項目，去陳述自己的優勢所在，這樣通常也比較能在主管面前留下好印象，讓對方覺得，你已經有充分的準備去迎接這一份工作了。

未來發展

由於產品工程師要負責產品線開發到量產的業務特性，容易一直跟隨著半導體技術發展的腳步前進，所以如果是從剛

畢業的情況加入，也許剛開始主管會讓你負責比較成熟製程的產品（換句話說就是製程比較穩定，產線出大問題的機率比較低），但是隨著經驗和技術知識的累積，通常是可以朝著先進製程的產品線去前進，這階段所面臨的問題和挑戰可是大不同。也就是說，在前面章節也有提到過，一直待在產品工程單位，其實是可以一直不斷地學習到新的技術和掌握業界發展的第一手資訊。

如果今天是想要轉換跑道的話，最直接的當然就是從原先在產品業務範圍內會合作的那些單位去著手。因為產品工程的業務範圍廣，從設計開發到測試工程，多多少少都和許多單位有過合作的案子或溝通的經驗，而對方也會知道你對於他們的領域並不陌生，如果之前合作有讓對方留下了好印象，我相信這些都能大大加分。

▌產品良率分析知識小補帖

看圖說故事

良率的分析包含了各式各樣的手法，但是往往在報告的時候，比起洋洋灑灑寫了一堆數字公式或文字，老闆們一般來說

更喜歡看圖表。一份好的報告就是能用幾張通俗易懂的圖來讓讀者迅速抓到你想表達的關鍵重點，所以身為一個產品工程師，幾種常用的經典圖表應用，可說是產品工程師的能力必考題。

這邊就針對其中一項在科技業界老闆很喜歡的 probability chart（簡稱 P-chart）跟各位做個介紹。下面這張圖就是一種經典的 P-chart 範例，這小小一張圖其中可是包含了很多重要的資訊呢！首先，每一個空心的圈圈就是一個樣本點，其向下對應的 X 軸座標即為這個樣本點代表的數值，而往左對應的 Y 軸座標則是這個樣本數值發生的可能性（或是說百分比），直線實

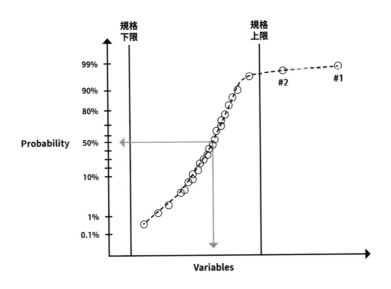

線則分別為此資料群體的規格上、下限。如果這些數值代表製程的某項參數，那些超出上限或下限的樣本則可以被視為不良品。

以上為這張圖需要認知的基本資訊，但是只要更進一步的判讀，就可以得到另外幾項很重要的資訊：像是超過規格上限的兩個樣本點（#1 & #2），對應的 Y 軸座標大約是 99%，這邊的涵義就是所有的樣本中，只有大約有 1% 的樣本會是不良品。而從所有點構成的趨勢曲線來看，這兩點的斜率已經明顯的和其他母群體構成的斜率不同，在數據分析的世界中，通常我們就會定義這兩點為離群者或異常值（outlier）。這個結論也能告訴我們，絕大部分的樣本（99%）都有正常的製程參數，今天發生故障的不良品屬於特例，不能代表母群體的平均表現。如果主管更進一步的問說：那我們對製程參數的控制能力如何呢？你就可以去計算規格內的這些樣本點的數值，跟上下限的數值比起來，分別是多少，也就等於圖上每一個圈圈到上（下）限的距離，再將這距離去除以上（下）限，就會變成百分比的概念。這數值如果越高，表示製程能夠控制在規格內的能力越強，反之則表示此參數會很容易發生問題。

有沒有覺得很有趣呢？一張圖就能解讀出各種資訊，這也是為什麼產品工程師往往都需要培養看圖說故事的能力，在一

拿到資料或數據時，盡量想辦法化繁為簡，有條理地整理成大家都看得懂的報告，說來簡單，但實際上這可是一門需要經過長時間練習和鑽研的學問呢！

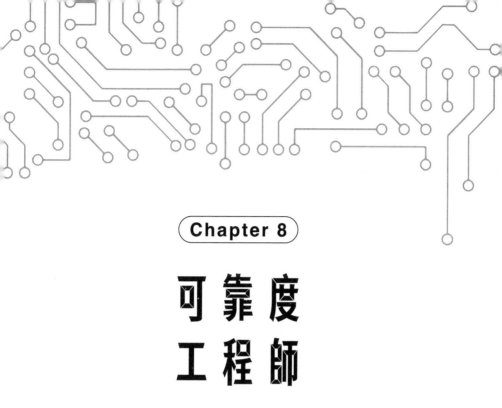

Chapter 8

可靠度工程師

艾斯

經歷

台積電／聯發科技／ Google　可靠度工程師

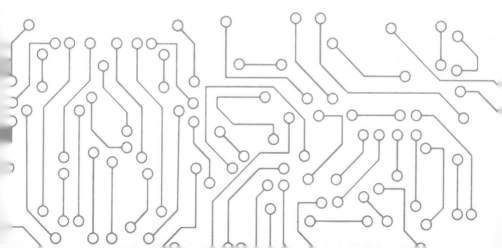

可靠度工程師：科技公司內的算命半仙

老實說，可靠度工程這詞彙實在讓人感到相當困惑，有時即使是科技業圈內人也不見得很清楚這個領域到底在做些什麼。讀者不妨在繼續往下閱讀之前，先由可靠度這個「專有名詞」，猜猜看這行到底是在處理什麼樣的問題？

你的不滿，可能來自可靠度部門的鍋

你曾經買過一些電子產品，但短短幾週內就莫名其妙突然冒出一堆問題，或是像都市傳說中聽到的「過了保固期就立馬掛掉」嗎？可靠度工程就是為了控制並避免這類情況發生。也就是說，設法預測一個新的電子產品的壽命，並驗證它的壽命確實如同預期。

> **可靠度**（英語：Reliability），指產品在規定的**條件**下和規定的時間內，無差錯地完成規定任務的概率。
>
> ——維基百科

這聽起來很不可思議對吧？畢竟以人類為例，除非有通靈

能力，否則誰知道自己究竟能活到何年何月，或是會不會哪天突然不幸發生車禍等意外。這個預知壽命的能力聽起來似乎非常神奇，不過就像魔術一樣，祕密說穿了以後也就不稀奇了。其實可靠度工程單位只是針對每個產品定義一些最容易出問題的失效機制（白話文又稱「死因」），然後針對每個失效機制設計特定的測試方法，以評估每項機制可能發生的時間。

可靠度工程師如何為產品把脈

　　以人為比喻，假定我們已經知道國人的十大死因，我們可以針對第一大死因的癌症對人體做一些醫學檢測，根據結果及經驗預測可能殘餘的壽命，然後以此一一類推到其他第二、第三大死因等。電子產品的失效機制畢竟不像人體或人類的生活般複雜，許多失效機制都被研究了很長一段時間，可以被物理解釋並由一些公式結合測試數據計算其壽命。總之，針對每項失效機制都做類似的分析後，電子產品的預估壽命就可想像成是所有機制中壽命最短的那一項，而它當然必須超過產品開發時的目標壽命，例如 5 年（當然如果沒有達到目標就要想辦法「開運」來改善它）。這個作法雖然說未必能百分之百精準預測到所有的死因，但是當半導體發展研究了數十年，最主要的

失效機制都已大致被掌握，也對各類產品在市場上會發生的狀況有了一些學習，因此沒有被涵蓋到的死因已經可以假設發生機率非常低，大致專注於主要的失效機制即可。當然偶爾還是會有小小出槌，這就會演變成一個可靠度團隊週末加班的故事了（淚）。

從上面的描述很容易想像，假定一家公司沒有可靠度工程的單位，可想而知運氣好時這家公司的產品 A 出貨後沒有問題，但運氣不好時產品 B 出貨後狀況連連、退貨不斷，這除了造成公司金錢的損失之外，也連帶的影響到公司品牌的聲譽，嚴重的事件還可能上新聞或導致使用者的安全問題！

在未來的趨勢中，隨著半導體製程技術越來越精細複雜，維持良好的可靠度也會越來越有挑戰，因此有時會需要針對新的製程技術，設計一些新的測試方式以評估是否會有新的失效機制發生。另外，產品效能需求越來越高，因此另一個趨勢是不只是要求產品壽命盡量大於目標，同時也希望能盡量精準地控制產品壽命，畢竟可靠度往往會和產品效能牴觸而需要取捨。也就是說，與其設計出一個壽命 100 年但效能 100 分的遊戲機，不如想辦法將他控制成壽命 10 年，但效能達到 150 分，畢竟沒有人認為一台遊戲機需要存活 100 年對吧！

總之，簡單的說可靠度工程這神祕兮兮的單位就是要為公

司每個出廠的產品把脈，如果發現運勢不好的時候要設法作法為產品改個運。聽起來如果覺得有趣的朋友們不妨考慮加入我們，一起在科技公司內享受鐵口直斷的樂趣吧！

可靠度工程師的一天

在不同產業的可靠度工程單位職責多少還是有些不同，此處主要以半導體晶圓廠為例，介紹可靠度工程師的日常生活，同時也分享可能碰到的挑戰與困難。

分析測試數據，預測壽命

正如前述所介紹的，可靠度工程師最重要的工作就是要當個半仙預測公司產品或製程的壽命，當然這需要透過量測產品製程並分析數據來得到。一般而言，每天一早到了公司後，通常是會先確認昨晚測試結束的量測結果。可靠度相關的量測實驗跟其他領域不一樣的是，往往一個測試要花上數天甚至數週的時間收集數據。畢竟我們是想預測 5 年 10 年後的產品特性，總得花費一些時間「操」產品，讓它老化以收集產品衰退的特性以便預測壽命。因此，通常都是在每日白天時安排許多測試

實驗開始執行，而許多測試可能會在數天後的晚上或凌晨時剛好結束，因此一早便會一次確認這些新數據。

量測數據如果沒有大問題，就可以開始分析產品或製程的壽命了。一般部門內都會有一些寫好的小程式可以幫助工程師從資料中很快做初步的估算，但工程師還是需要進一步確認結果，通常會從數據的一些趨勢或跟以前量測的經驗比較來判斷，最後「蓋章」確認結果。產品或製程的壽命通常會透過一些可靠度的物理及統計模型來計算，其他單位的同仁大多並不熟悉這些結果是怎麼算出來的，都必需仰賴可靠度工程團隊，這也是可靠度單位獨特的地方喔！

然而，有實際做過實驗的人都知道，有時量測數據會受到一些測試環境的干擾發生異常。有時可能是測試時在長時間高溫的情況下探針有位移沒接觸好，有時是測試機台真的故障了。少數情形真的像靈異現象，找不出原因，但之後再重測一次就正常了。工程師往往看到資料異常時心就涼了一截，因為很難確定要花多少時間才能查出真正原因解決，除了會一直被老闆或外部單位問什麼時候能有正確的結果以外，後續新的測試需求還是會持續如雪片般飛來。另外，重新測試對可靠度測試而言其實是很沉重的，要知道每次的測試都是動輒數天呢！這時常常一方面要努力解釋以及跟其他單位或客戶道歉，另一方面

要想辦法跟自己單位內的同事溝通，能不能讓自己插隊用測試機台趕緊補收集數據。這時不管對內對外，做人就非常重要了。總之，最好還是希望這種悲劇盡量不要發生，因此讀者應該可以理解為什麼許多工程師都想擺包乖乖在機台上了吧！

思考改善可靠度對策，並與內部溝通

雖然分析產品的壽命是可靠度單位一個重要的專業，然而，得到結果後要如何實際在產品或製程進行改善也是重要的一環。有好的結果時，要花時間思考背後的機制並吸收為單位內的經驗；而可靠度變差時則要思考如何改善，這些常常都要透過與跨單位的專家討論而來。所以，其實對可靠度工程師而言，溝通也是工作中很重要的一部分。一般而言會需要做可靠度分析的情形有幾個，最常見的是製程單位要開發新的製程技術，因為開發初期可靠度往往非常差，需要做各種不同的實驗來探索製程如何調整改善。因此，每次測試完都要跟製程研發單位回報測試結果並溝通接下來製程的調整方向。凡是人都喜歡好消息，因此若是可靠度能有改善，通常都是皆大歡喜，實驗分析很快就能收尾。

然而，沒有天天在過年的，有時結果總是會不盡理想，這

時常需要在自己部門內先討論，例如可能要先討論造成結果不如預期可能的物理原因，以及建議的製程改善方向。有人可能會覺得製程改善是研發或製程單位的責任，但在一流的公司內，每位工程師往往需要盡可能展現自己的價值，可靠度工程師如果只是量測分析完把結果丟出來後，就拍拍屁股消失，會讓人覺得沒有太多附加價值，光是自己單位老闆那一關可能就過不去了。最後，還是要耐心的跟製程或研發單位溝通，畢竟看到負面的結果沒有人會有好心情，花時間避免衍生額外的爭端也是工作的一環。這時的可靠度工程師就像是個服務業員工，得安撫菜色不合胃口的客人，並讓他們相信下次會更好。

處理客戶產品可靠度問題

可靠度工程師並不是只是分析自家公司製程或產品，有時也需要協助客戶，分析他們設計的問題（也就是說，預測客戶設計的壽命能有多長）。這種需求來自很多可能，有時是客戶為了追求效能而犧牲了一些設計的可靠度，有時是客戶的設計快要定案了但發現到有一些設計上的缺失，想確認量產後會不會有問題。總之，會有五花八門的情形，會滿需要可靠度工程師的經驗來判斷風險。一般而言，可靠度工程單位已經會有

很多量測的資料庫跟經驗，並建立好一些預測模型（俗稱「公式」），可以用來做計算以預測客戶設計裡的風險。然而，有時還是會有一些情況是公式所無法涵蓋的，可能還需要安排額外的量測實驗才能判斷風險，這就要花去不少實驗的資源與工程師的精神來處理。

當分析客戶的設計可靠度問題時，如果結果不樂觀，其實壓力也是很大的。因為為了改善，有時會因而增加客戶設計的成本，甚至會影響到客戶量產的時程，這便有可能會影響到公司的營收。所以，往往都不能真的太過保守。如果真的風險很大時，也需要很謹慎的和客戶溝通，畢竟，這時客戶的心情通常不會太好。網路上常說一件事很重要所以要說三次，溝通能力從開頭到現在已經提到第三次了，可見其重要性。

設計可靠度測試結構及開發量測程式改善效率

晶圓廠可靠度的量測一般是透過設計一些測試的製程或元件結構在晶圓裡，並開發量測程式控制機台來進行量測。因此，若能聰明地改善這些測試的架構，會有機會改善可靠度測試與分析的效率，例如，能一次同時老化大量元件的架構。另外隨著新的元件製程的演進，半導體元件內主要的可靠度弱點也會

有所變化，測試用的元件結構也可能需要重新開發以捕捉新的失效機制。而有了新的測試元件或電路之後，測試機台裡的程式也要因而調整與改善，以增加測試效率。

可靠度工程師有時也要設法提升資料分析的效率。當一次次的量測完成時，海量的測試資料要怎麼處理也是很重要的。雖然最簡單的方式就是把資料貼在 excel 中，用儲存格中的公式敲敲打打計算，但是當測試資料量大時就很費時且沒有效率。因此有時要開發一些小程式協助分析元件老化的速率，往往可以把要花數十分鐘才能分析完的資料縮短到 1 分鐘以內完成。

這些新結構與程式的設計與開發算是件苦差事，因為新製程的設計規則常常會不斷變動，常常本來已經設計好的架構又要再修改甚至重新設計。其實設計這些測試結構是有一定的壓力的，因為在製程開發階段，通常測試的光罩設計數季才會再改版。因此，如果某些測試的結構設計有了問題，可能數個月內都沒辦法做相關的分析，而要等到下次再改版才行，這時這位負責的工程師可能已經黑到發亮了。

執行年度專案或寫專利論文

即使是品質與可靠度部門這種看似支援性質的部門，每年

工程人員也都需要提一些年度創新的專案，改善既有的流程、技術或成本等。大約每年年初會開始要求每個單位或工程師提出專案計畫，而這些專案的執行工作就會平均分散在 1 年之中。以可靠度單位為例，大致上是要思考如何改善現有可靠度測試與分析的效率，或是如何透過改善量測方法提前抓到一些可能在客戶端發生的問題等。

可靠度工程師有時候也會寫一些論文投稿國際的研討會。某些領域會比較偏向工程實務，但可靠度是個偏向半學術、半工程的領域，因此參加學術研討的機會會比較多，最有名的研討會例如 IEEE IRPS 會議。若單位內主管對這方面有興趣，就會不斷「鼓勵」單位內的工程師去做一些研究並投稿。如果論文被接受了，就可以用出公差的名義去國外走走看看，並與其他大廠交流。筆者認為在主管不反對的情況下是可以嘗試參與看看，有時研討會完還有可能順勢請個幾天假去玩呢！

基本上創新是滿有價值的，但通常也是工作上主要的壓力來源。因為就像讀者手中的手機一樣，通常創新會越來越難做，好的點子很可能頭幾年就用光了，後面要改善的難度大增，但上頭永遠會有更高的期待。所以才會有這樣一個笑話：有位工程師每年都接到上頭的指示要想出新的降低成本的專案，但是一年年做下來，能想得到的方法都做過了，到最後沒辦法，只

好提案把自己裁員，這樣就能進一步降低人事成本了。

參加大大小小可靠度相關會議

很多人有種印象，覺得工程師都只要整天坐在電腦前寫寫程式及分析數據，東西搞完就收工走人。但對可靠度工程師而言，如同前面的介紹，是常常需要參加會議與溝通的。其中，會議包含和其他研發或製程單位開的製程可靠度會議、可靠度內部溝通的課會或部門會議、因為執行年度專案而衍生的會議，或是和客戶開的產品可靠度會議等。其中，大致上會議可能討論的內容就如同先前的工作介紹，並需要在各個會議中傳達各種可能的可靠度風險及要求資源。往好的方面想，與外部單位的會議越多，也代表著這些可靠度的分析的重要性，也會有機會建立不同領域的人脈喔！

當可靠度工程師的經驗越來越豐富，常常就會要負責越來越多的專案、業務或客戶，因此常常會有成天的會議。這些會議常常也是一種壓力來源。先不說會議會壓縮到實際能分析可靠度數據的時間，更燒腦的是當可靠度結果不如預期時，要如何有智慧的在會議上溝通。否則，如果無法在會中讓人信服，除了專業度被外部單位質疑，也可能在會議中接到一堆額外的任務必須執

行與確認。另一個壓力來源，是上頭往往想在內部會議中聽到一些新東西，因此工程師們常要絞盡腦汁地想出一些新玩意，例如介紹新的測試方法，或是產品壽命如何分析的更精準等。不過，這就是所謂「挖洞給自己跳」，通常報告完的同時，這個些新方法也就變成報告者本人要接下任務並繼續開發完成了（淚）。

摘要

以下依筆者在不同產業的經驗，概括了平均而言可靠度工程師一日的工作分配提供讀者參考。負責不同測試項目的工程

	半導體廠	IC 設計廠	系統廠 （如，品牌廠）
測試並分析數據，準備報告	35%	20%	15%
思考改善方法與跨部門溝通	10%	20%	30%
處理客戶產品問題	10%	5%	5%
參加各種會議	30%	40%	35%
執行年度專案／論文／專利等	10%	10%	10%
設計測試架構或程式改善流程	5%	5%	5%

註：此處的系統廠可靠度工程以該公司內偏向負責半導體可靠度的職務為例。

師可能會略有不同，但這裡列出筆者經驗供參考。從下表可以看出即便只是小工程師職級，會議時間還是佔去了相當大的比例，而當職級越高以後，會議往往只會越來越多。相信這也是許多工程師的心聲：會議實在太多導致有時無法專心做事。因此，筆者之前待過的單位其實也都曾設法想降低工程師的會議時間以提高生產力，至於最後執行的如何，又是另一個故事了！

如何加入可靠度工程師的行列

技能 & 經驗

要加入可靠度工程的行列，其實可以考慮先從其他領域的專業著手。雖然在大多數的科技公司內，產品的可靠度工程單位是必需的，但一般而言「可靠度」比較不是電資科系主要必修科目，可靠度工程師在學校時也多半不是專攻這門學科。

首先，要先實際一點思考，先想想你的目標是想加入哪一個產業的可靠度單位，例如晶圓代工廠（例如台積電、聯電）、IC 設計公司（例如聯發科、聯詠），或是系統廠（例如華碩）？

假如目標是晶圓代工廠，大多職位會比較重視應徵者是否了解半導體元件或製程的經驗，因為實際碰到的可靠度問題多

半會和元件的操作或製程有關。例如，不同的製程條件或方法對元件特性可能造成的影響，以及因而導致可靠度特性的變化。

對於一個剛從學校畢業的新鮮人來說，當然不容易有在晶圓廠分析實際製程和電性的經驗，所以可能只能靠修習一些半導體製程、半導體元件物理的課程沾上一些邊。另外，在學校時若已經有使用量測機台分析半導體元件特性，甚至做過簡單的可靠度測試的經驗，對用人單位而言不用重新訓練，也會比較省事，可能會是一個考量的點。

如果是已經有工作經驗但想轉職的同仁，一般情形下可能有半導體製程整合或元件工程的背景比較合適。有時候晶圓廠的可靠度單位會有一些特殊需求，例如需要建立電路的老化模型以供模擬用，或是如前述要設計一些測試元件，所以根據這些需求，若曾有電路模擬或元件佈局的經驗可能會是一個優勢。另外，可靠度的工作其實算是偏半學術性質，在晶圓廠的各工作中應該算是相對容易發表學術論文。根據筆者的經驗，許多主管其實對參與國際研討會是有興趣的，所以如果有這方面的能力或經驗，也算是求職時潛在的優勢喔！

至於系統廠或 IC 設計公司的可靠度職位雖然不是本次分享的重心，但簡單來說，若目標是加入系統廠的可靠度工程單位，通常在終端產品比較常碰到應力或材料相關的問題，所以大多

數可靠度職位偏向這方面,可能有機械或材料的背景反而更適合,最好是有系統廠產品設計的經驗,並且以電機電子的知識為輔。系統廠只有少數的可靠度職位會和 IC 比較相關,這時才可能會傾向尋找曾有 IC 廠可靠度經驗的人員。

最後,筆者個人認為門檻較高的是 IC 設計公司的可靠度單位,因為 IC 產品牽扯的到的可靠度問題涵蓋電路設計、封裝測試以及半導體製程,甚至也要考慮 IC 和系統板之間的可靠度,此外還要懂得一些失效分析的方法,因此幾乎都優先尋找有工作經驗的人才。用人單位大多還是先找有直接或間接接觸過上述領域可靠度問題的工程人員,畢業生直接要加入的機會相對比較小。

不管在哪一產業,可靠度部門普遍都要跟歐美客戶接洽或有定期的會議。因為如同先前描述的,客戶也會關注他們產品的可靠度特性等,所以英文的重要自是不言而喻。一方面是英文越好通常較容易跟客戶建立良好關係,另一方面是英文如果有待加強的話,可能要花更多時間準備會議且壓力會比較大。例如,筆者曾好幾次一早起來,臨時接到老闆的通知早上要對國外客戶或跨單位部門英文簡報個 30 分鐘之類的,這時可能連報告的投影片都還沒完全準備好,如果又要另外花時間準備英文,壓力一定會超大。所以在筆者的經驗中,各產業的可靠度職位在挑選應徵者時,幾乎都還是會把英文列入考慮,英文好

還是有一定的優勢的。

而不同產業的可靠度單位，一般也會需要一些協助實驗進行的助理工程師，偏向負責實驗排程或是協助操作機台等工作，這類職務相對比較不那麼看重理工背景，因此有時也有非理工科系或非相關科系的朋友的機會。其實這類工作有時也是需要一定經驗或專業的，往往做的一久，其實也不是這麼容易就找到人替代，因此對非理工科系的朋友們可能也是不錯的選擇。

面試重點

對於剛畢業的新鮮人，因為還沒有太多的工作經驗，最可能的出發點還是在校期間的論文或專題。但是，其實通常大家關注的還是求職者在校所學能對可靠度的分析有什麼幫助，或者是對半導體元件或製程的了解，因此可以多多著墨這一部分。另外，面試畢竟還是要測試求職者的程度，可能還是會問一些半導體元件的操作及物理特性相關的問題。當然，為了了解應徵者對可靠度的概念，也可能會問到對半導體可靠度測試的一些基本失效機制和測試方法囉！不同的單位著重的製程步驟跟失效機制略有不同，所以第一步應當是要了解應徵單位負責的機制。

對於已有幾年工作經驗的轉職者，一般可能會更著重於了

解之前的工作內容，以及其與可靠度的相關性。大致上還是會從元件物理與製程的經驗去了解一個應徵者，也可能會詢問以前是否有處理過可靠度問題的經驗，然後有時會出個可靠度出問題的狀況題，看看面試者會如何處理。其實在開出一個新的職缺時，用人部門常常早已設定好想要找哪一種專業背景的人，因此在面談時應設法了解用人單位的需求，並試著展現那個領域的專業。

另外，不論新人還是老鳥，因為可靠度工程也是一個常需要跨單位溝通的部門，面談過程中展現的溝通能力也是很重要的一環喔。

未來發展

可靠度工程師一個可能的發展是轉換到不同產業（例如晶圓廠到 IC 設計廠），或是在不同公司之間的可靠度單位發展。因為是上下游關係，重視的專業與能力略有不同，但擁有其中一個產業可靠度工程的專業，對其他產業多少會有些幫助。此外，前一個公司的人脈也有機會為下一家公司帶來一定的助益。而對工作者而言，則有機會增加自己專業的廣度。

另外，大部分硬體公司也有專職面對客戶處理客戶產品品

質及可靠度問題的客戶品質工程單位，或是退貨分析等產品品質工程單位，擁有可靠度工程或分析的經驗會比較熟悉產品的部分失效模式，也有機會往這方面發展。

有些可靠度工程師因為熟悉可靠度容易出問題的製程步驟以及改善方法，也因而轉換到製程研發或封裝工程單位去，因為新製程或產品封裝的開發，大多也是需要一個團隊研究如何讓製程的可靠度符合公司或客戶需求。

最後，就是前往一些可靠度測試的設備或服務的公司，但相對而言，這類公司的規模不像主要半導體大廠這麼大，因此這類的工作轉換相對少見。

▍可靠度工程知識小補帖

雖然每個產品都用一個「壽命值」來描述可靠度最淺顯易懂，但可靠度其實是一個和機率有關的特徵。畢竟不可能所有產品都在同一時間一起故障，而理論上根據製程與設計，故障日期會呈現一個機率的分佈。所以，想了解產品的壽命，完整地說應該是要了解這個機率分佈。在目前半導體業界，出貨後的產品故障機率，仍是用可靠度領域中最經典的浴缸曲線來描述，如下頁圖表。

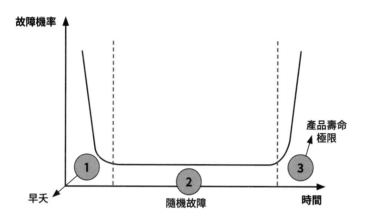

其中區域 1 是指產品出貨後短時間內會容易看到較高的故障機率，主要原因是出貨的產品中，難免有部分產品有一定的製造缺陷，例如一些半導體製程中的微粒子，就會導致少數被粒子影響到的產品容易在早期故障。換句話說，如果產品生產過程中發生了一些非預期的問題，產品賣出後短時間內發生故障的機率越高，自然就會有更多消費者碰到這樣的狀況。作為一個消費者，如果剛好買到短期內會故障的產品，自然會很不開心，心裡會有一種印象是這家公司的產品剛買回來馬上就壞了。

區域 3 則是各種不同失效機制的物理極限，這也比較偏向大眾認知的「產品壽命」。這個部分發生的早晚通常會跟產品、

材料或元件設計有關。正常情況都是產品或元件設計的積極越追求效能，區域 3 起始點發生的時間就越早，也就是說產品的壽命越短。所以，產品如果設計不良，最差的情況就是在大多使用者預期產品會失效的期限之內就發生大量故障了。例如一台新車多數人可能會預期它應該能開 10 年以上，但如果設計不良而不到 5 年就開始發生大量故障，消費者可是會炸鍋的。

最後，區域 2 是一些隨機的故障，通常被假設為發生的機率很低。對一般消費用電子產品實務上主要還是處理區域 1 和區域 3 的問題，畢竟這兩塊出問題對產品的影響會相當大。然而，一些對可靠度比較要求的產品，例如車用電子或是資料中心的 IC 等，則是連區域 2 都要斤斤計較，這部分更需要可靠度的專業。

這邊也大約解釋半導體業界如何層層為最終產品的可靠度把關。在電子元件生產的過程中，會由矽原料開始，由晶圓代工廠開發特定的製程，以具備製造出包含上億個微小基本元件晶圓的能力。因此，晶圓代工廠的首要任務，是要先確保開發的製程及元件足夠強壯——雖然這時還沒製造成任何客戶的 IC 產品，但至少確保將來客戶設計產品時不會有太大問題。晶圓上的基本元件即為所謂的電晶體，晶圓廠主要是針對一些特定的失效機制，驗證電晶體及它上方金屬連線的可靠度。主要包

含了 NBTI、HCI、TDDB 等電晶體元件失效機制，以及 EM、SM、BEOL TDDB 等後段金屬層的失效機制（因這些物理機制業界也多以英文稱呼，筆者也不硬是翻譯他們了）。以上所提的各機制許多都有很深的學問在裡面，這裡無法詳加說明，有興趣的讀者可以自行上網搜尋。半導體廠內的分工相當精細，有時每一、兩個機制就已經會有一個專門的部門在負責了喔！

而當 IC 設計公司利用晶圓代工廠的製程設計晶片產品時，可想而知隨著設計的不同，可靠度也會有不同的結果，因此 IC 設計公司內部也需要對 IC 產品執行可靠度測試，以驗證與設計相關的失效機制，例如高溫高電壓測試（HTOL）以測試晶片的操作壽命，或靜電防護測試（ESD）防止生產時的靜電導致 IC 故障等機制。晶片會交由封裝廠製作一些外部的保護層以保護切割下來的晶粒，這些外部封裝也可能會有一些可靠度的問題，因此也要執行針對外部封裝的可靠度驗證，如通常會和溫濕度的耐受力有關（相關項目叫做 HTS、HAST、TC 等）。原則上每個新的 IC 產品都要執行這些測試驗證可靠度，因此其實也是滿需要人手處理這些測試並分析的喔。最後，當晶片量產後，後續的系統可靠度工程師主要會著重各元件或模組與系統板的整合，一般碰到的問題會比較多與應力有關。不同公司或產品可能會有各種五花八門的測試標準，不見得完全一樣。不過最後不外乎還是

濕氣、外力、溫度、電應力的組合當主要的老化因子。

　　而為了在有限的時間內，想辦法預測產品 5 年或 10 年後的行為，最重要的是要針對每個機制找出能夠加速它老化的方法，也叫做加速因子。例如，假設我們知道把測試的溫度加高 40 度，產品老化的速度會變快 10 倍，那麼我只要如此操作 1 個月，結束後就等於可以看到 10 個月後的特性了。至於每個失效機制的加速因子略有不同，會跟據物理有一些常用的可靠度公式能計算，最後計算出每項測試需要的測試條件。當種種的測試都過關後，一個全新的 3C 產品就可以賣到消費者手中嘍！

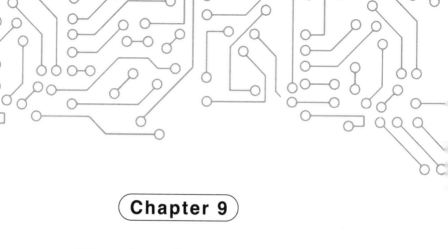

Chapter 9

供應商品質
管理工程師

Joseph Lee

——— 經歷 ———

聯發科技／ Google　供應商品質管理

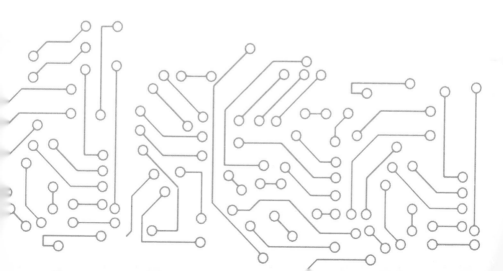

供應商品質管理：供應商的教練

晶片製造是一條高度精密且複雜的生產鏈，其中涉及的生產製造供應商從上游到下游，以及延伸的設備商與材料商可達到上百家以上，而且平均一個晶片開始研發設計到流片所需的時間周期，會根據複雜度來決定時間，但基本上快則半年，通常平均需要約莫 1 年，另外從晶圓開始製造（tape-out）到成品，也約莫需要額外 3 ～ 5 個月。

中間流程一旦有任何差錯，就會造成時程停擺或者大幅延後。所以，公司為了確保幾乎全部流程都不出錯，這時候就需要鋪設人力去管理所有環節上的製造供應商，確保每個細節都符合規範且不出錯。這時候，就需要有經驗的供應商品質管理工程師，與供應商固定且頻繁地審核所有相關品質規範與流程細節。不然一但任何一個環節出了問題，都有可能導致產品大量報廢，或者時程大幅延後，導致產品競爭力比不上其他公司。

所以，供應商品質管理就會需要從新供應商初期好好評估，然後確保供應商是可以進入下一步產品開發階段並且提供合規格的樣品，最後，就是進入產品量產後的品質監控。

產品的守護者

想像一下，你組裝了一台樂高模型，結果發現零件缺失、說明書錯誤百出。這時，你多希望有人能確保所有零件都完美無瑕、說明書清晰易懂，對吧？品質管理工程師就是扮演這個角色，他們就像是產品的「品質守護者」，確保從供應商那裡來的零件或成品都符合標準，讓你不會遇到「組裝悲劇」。

一但問題發生以後，也是從整體視角、透過品質手法去按部就班的一項一項確認然後改善，並確保問題不會重複發生，從而改善良率以及生產穩定性，以及組裝後的品質與信賴性。

供應商管理是從總體視角去做整體生產環節的監控：

- 原物料的品質符合需求
- 生產製造過程中都符合製造品質要求
- 出貨物品品質控管

所有微小細節的完美，才能造就最終在你手上的產品品質良好，讓客戶有個良好的使用者經驗。

▍供應商品質管理工程師的一天

供應商品質管理工程師的一天基本上分為兩大面向：供應

商品質系統改善與產品品質改善。

供應商品質系統改善

◆ 新供應商評估

　　根據公司的策略，有時候會需要評估新供應商來提升產能需求或者新技術開發，這時候我們就需要去現場做整體的評估，從廠房、環境、品質系統、人員素質、產線配置、生產機台型號選擇、來料管理、生產系統、失效分析能力等，一連串評估下來以判斷該供應商是否適合導入。通常現場稽核是一個非常累人的過程，因為現場稽核又分為文件稽核與現場稽核：

● **文件稽核：**製造與製程能力、設備保養規劃計畫、公司品質系統健全度、教育訓練制度、新產品導入流程、產線所有製程工序上的文件與異常處理程序都是否完整、是否有改善空間。

● **現場稽核：**產線靜電防護實際確認，實際生產流程請現場操作人員實際拿產品進行演練，過程中觀察是否有造成疏失的可能性，討論是否與現有文件不符或者存在改善空間。透過這樣一個個環節上去精進所有程序流程，並且在最後檢討整體上是否有系統性的潛在風險。

在全部完成後，必須要製作出一份稽核檢討書，給供應商去執行接下來的逐條改善。

◆ **現有供應商品質系統改善**

一般來說在品質系統會做持續性改善（PDCA），去對公司品質系統做周期性地精進與改善，透過這樣手法與鼓勵員工提供改善建議，可以逼出很多潛在性的系統風險。同時，公司在持續發展與擴大的過程中，常常會出現各分公司在規範上沒持續更新到符合最新標準的情形，所以有時候也會敦促供應商組

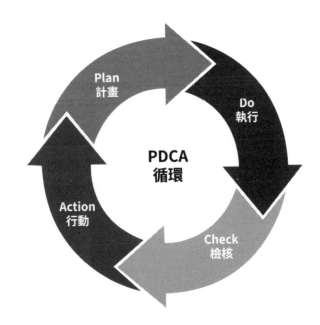

成跨部門／廠區的水平整合，來確保問題不會在其他廠區再次發生。

◆ 供應商周期性審視與獎勵

除了特殊產品品質監控以外，通常也會做周期性的品質會議，去審視相關品質議題的全面性改善，並且針對所有供應商評分來做相關排名，在年底做整體排名後給予相關獎賞，透過這樣獎賞去激勵供應商對於品質的重視。

產品品質改善

對現有供應商也有許多工作需要持續改善，例如對產品的品質訂立監控標準，這包含從來料品質、製程管控、出貨檢驗。針對關鍵產品，通常會在開發周期就先進一步採取先期產品品質規劃（advanced product quality planning），來做完整的檢視確保所有項目都有被覆蓋到。

◆ 產品跨部門與上下游供應鏈在產品標準上進行整合

有時候就像人與人的相處一樣，沒有誰對誰錯的問題，就只是單純需要互相磨合與退讓。在產品上也是有相同問題，上

下游供應商做出來的品質都是分別符合要求，但最終產品就是有機率不合規格。這時候就要由內部檢視問題，然後與供應商討論誰需要做進一步管控，或者是最後出貨標準太過嚴苛而調整放寬。

◆ 廠內品質異常事件處理

產品在生產過程中，總是難免會遇到一些問題，這時候一般就會根據 8D 報告方式去做一個完整問題分析報告檢討。通常，我們會一直著重在問題的根源分析，問題一但分析得精準，通常在接下來的改善方案以及水平展開就會相對容易許多。

但異常事件通常會有時間上的壓力，或者造成大量報廢的可能性，所以也會跨部門合作討論一些配套可行性。例如，會與出貨部門討論是否有急需出貨的需求，如果產品可能有可靠度問題，就需要討論如何透過加嚴測試方法刷出不良品來降低客戶端不良率，或者更進一步的可靠度檢視，來檢視出貨後是否有可能在客戶端造成異常。

◆ 品質的夢魘：客戶端產生的客訴退貨

在各環節工藝製造過程中，最終產生的產品是所有人的心血結晶，也期待客戶在使用體驗上是沒有任何問題。

所以一旦客戶開始抱怨任何產品品質問題，所有人就會把神經緊繃起來嚴陣以對，因為一但處理不好，就會產生客訴退貨（returned material authorization，RMA）以及相關賠償問題產生。所以品質工程師一但遇到這問題，就會針對出貨產品評估風險來決定是否要招回，同時，也會立刻與供應商討論如何防止問題繼續擴大，以及尚未出貨的庫存產品是否要用新規範重新檢驗。

▎如何加入供應商品質管理的行列

技能 & 經驗

一般來說，供應商品質管理相關從業人員並沒有特定專門科系，只需理科相關即可。相反的，不建議新鮮人直接從事該領域，因為通常會找尋有該供應商領域經驗的從業人員來管理該供應商。這比較像是「以子之矛，攻子之盾」的概念，通常從供應商找尋的人才也會對前公司比較有概念，了解如何改善供應商品質來符合公司的要求。

個性上，對品質標準不願意妥協，並且在問題上願意抽絲剝繭一層一層去找出所有可能性的比較適合。

在找問題上，基本就像是個偵探一樣，觀察所有細節找出問題的根本與改善方案，同時很多時候問題是由很多部分組合起來所造成的，有可能是來料與現有製程有公差、有可能是流程有缺失、有可能是設備上有差異，所以必須與很多人溝通協調去查出所有可能的細節，所以良好的溝通能力也是不可或缺的一部分。

擁有這些特質的人，在這職位上應該會做得比較開心，也能獲得更多成就感。另外，英文程度是一個基本門檻，在未來公司的選擇上能有比較多的可能性。

面試重點

通常在尋找相關人才的時候有幾個關注重點：

1. 供應商相關專業領域

如果候選人在該領域深耕多年，尤其是在製程方面有一定的深入，會是很好的加分，因為對製程有概念的話，在找問題時會比較有手感去抓方向。同時，對於垂直整合上有一定的了解，可以用更宏觀的視野來審視問題，而不會鑽牛角尖在一個點上。

2. 有系統的改善品質系統與問題

如果候選人有在製程相關專業歷練過後，同時有轉職相關品質部門歷練的話，會是高度加分。

- 品質系統：通常是對整個公司的品質系統根本上的改善，所以有相關品質證照會是加分，但不是必然。目前業界最常認可的證照：6 sigma（黑帶佳）、VDA6.3 audit、IATF 16949。
- 改善手法：最基本的就是問題的 8D 報告改善流程，確保問題被完整所有面向覆蓋並進入逐條改善。

未來發展

供應商管理在所有產業都是不可或缺的人才，這樣的人才通常對特定領域上有深刻的經驗與人脈。對於客戶來說，是在該生產製造管理領域上的最佳候選人，如果在每次進入客戶公司能繼續深耕垂直領域與累積，就有機會獲得門票進入終端客戶公司來管理整個產品的產業鏈。

例如：如果在封裝工廠有製程工程師或者整合工程師的經歷，同時在面對 IC 設計客戶時表現不錯，通常是相對容易進入 IC 設計產業去管理外包的封裝工廠。同時，在進入 IC 設計產業後，如

果有持續精進，並且有機會帶終端客戶的專案時，這樣就有機會進入終端產品去管理整個 IC 品質。此時，你就真的進入整個產業鏈的金字塔，更能有大局觀去改善整個產業供應鏈的品質。

供應商品質管理的知識小補帖

- **出差頻率**：出差是供應商品質管理工程師一個基本的要求，各公司的出差要求不盡相同。每年出差頻率可能從幾天到破百天都是有可能的，所以如果是喜歡到各國家的人，這工作是不錯的選項。

- **與供應商的關係**：供應商管理雖然是甲方客戶，但常常需要與供應商培養長期默契，這樣才能在問題點上透過不同手法達成公司的要求。尤其當供應商處於業界龍頭強勢地位的情況，這時更需要仰賴供應商品質管理工程師的溝通技巧，讓供應商在可接受的範圍下達成公司目標。

- **持續精進品質系統**：大多數品質管理工程師都是從相關領域的其他技術部門轉職過來的，所以在初期都對於品質有概念，但不知道如何系統化地執行。所以在進入這領域後，通常要持續精進相關品質系統與分析工具。如果有興趣，可以在網路上搜尋以下品質工具：APQP、PPAP、FMEA、MSA、

SPC、8D. QC。

- **廣泛地學習所有領域知識：** 在稽核的時候，基本上不可能有人懂全部東西，這時候僅靠一位供應商品質管理工程師是很難觸及所有細節的。但是如果在平時跨部門合作時，多聽聽其他部門工程師的想法與意見，就可以收為自己的知識庫，在新供應商稽核時一併確認。一但覺得有疑點，就可以把議題帶回來給更專業的工程師進一步與供應商確認。所以在某種程度上，好的供應商品質管理工程師可以廣泛地確認供應商是否符合標準，並進一步帶回公司討論確認。

　　最後，供應商品質管理工程師如果可以一直精進知識庫，以及保持開放討論的心態不斷地練習處理異常事件，這會有助於在工作上的快速反應與處理事務。

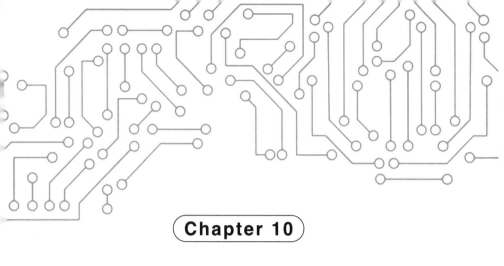

$$\boxed{\text{Chapter 10}}$$

靜電放電
防護工程師

彼得

───(經歷)───

立錡科技／聯發科技／台積電　靜電放電防護設計工程師

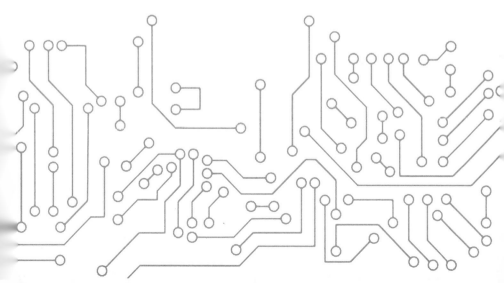

靜電放電防護設計工程師：
是讓 IC 免受於電性損害的守護神

　　IC 晶片的靜電放電（ESD）防護設計工作，對剛從學校畢業的社會新鮮人來說也許會感到陌生，對於已經在半導體相關產業從業的人來說，也不見得一定能非常了解靜電放電防護設計工程師是在做哪些事情。

ESD 到底是什麼？日常生活中會常遇見嗎？

　　ESD 用物理的現象來解釋，就是當兩個不同電位的物體接觸或靠近時，由於電荷的迅速重新分配或平衡而產生突然放電的現象。這種放電通常會產生瞬間的高電壓及暫態放電電流。

　　靜電放電（electrostatic discharge，ESD）是指在某一絕緣介質的兩面分別出現正電荷和負電荷，並且逐漸累積時，這時加於該絕緣介質上的電壓也會同時增加，當該電壓高於一定程度（擊穿電壓）後，這時絕緣介質會發生電擊穿，繼而使得一部分絕緣介質變為導體，使電流能夠通過。在電流通過絕緣介質後，絕緣介質兩面的正負電荷便會消失，加於該絕緣介質的

電壓也會回復到零，因此靜電放電只會在一段短時間之內出現。

——維基百科

　　我們在日常生活中可能有哪些常見的靜電放電情況會發生呢？我們來舉幾個例子：

1. 閃電，是自然界中靜電放電常見的例子。閃電是由於雲層內部或雲層與地面之間電荷的累積和重新分配導致的。當電荷差達到一定程度時，空氣的絕緣性被打破，電荷通過閃電的形式迅速平衡，產生巨大的能量釋放。這種放電過程涉及到數十萬甚至上百萬伏特的電壓，可以非常壯觀，同時也非常危險。

2. 穿脫衣服時：特別是在冬季或乾燥的環境中，當衣物材質（如毛衣）與皮膚或其他物品摩擦時，容易產生靜電。

3. 走在地毯上：在帶地毯的房間內行走，特別是在低濕度乾燥的條件下，可能會在身體上累積靜電，當手接觸到門把或其他金屬物件時，便可能會產生靜電放電的小觸電。

4. 從車上要下車時：從汽車裡要出來時，尤其在天氣乾燥時，坐椅和其他車內布料與人體摩擦可能產生靜電，觸碰車門把或其他金屬部分時可能會感受到靜電放電。

5. 電子設備的使用：例如在操作電腦、手機或其他電子設備時，

如果設備帶有靜電，觸摸它們可能會釋放靜電。

6. 塑料包裝材料：當打開或處理塑料包裝袋時，這些材料很容易在摩擦下產生靜電。

　　這些都是在日常生活中可能遇到的靜電放電的常見情況，對人體通常是無害的，但有時候被這種瞬間的電擊電到會讓人感覺有些不舒服。

ESD 對 IC 可能有哪些危害呢？

　　ESD 對 IC 內部可能造成的危害，舉例來說有以下幾種：

1. 損壞閘極氧化層：由於 IC 內部電晶體元件的閘極氧化層非常薄，ESD 產生的高電壓可能會穿透這些薄薄的氧化層，導致閘極永久損壞。

2. 熔斷金屬導線：IC 內部的金屬連接線極細，靜電放電產生的能量有時可能會熔斷這些導線，導致電路斷路。

3. 電路短路：ESD 可能會在 IC 內部造成不應有的導通路徑，形成短路，這會對電路造成漏電或是使得電路功能失效。

4. 降低電路性能：即使不立即導致顯著損壞，ESD 也可能對 IC 內部結構造成微小損傷，這種損傷可能會降低元件的性能，提高其故障率。

5. 累積損壞：多次輕微的 ESD 可能不會立即顯示損壞，但隨著時間的累積，這些累積的小損傷可以導致 IC 最後功能的永久失效。

　　因此，對於設計和製造 IC 的人來說，採取適當的防靜電措施是非常重要的，這包括 IC 的 ESD 防護設計、使用防靜電工作站、地面、手腕帶以及適當的包裝材料來保護電子元件。這些措施皆有助於確保 IC 的品質和可靠性，以延長其使用壽命。

靜電放電防護設計工程師如何扛起 IC 守護神的角色

　　靜電放電防護設計工程師主要擔任保護積體電路的角色，可以比喻為一名精英護衛，其任務是保護珍貴的王室成員（IC）免受於 ESD 的潛在威脅。這類的工程師就像是訓練有素的守衛者，精通各種防禦技巧和策略，用來抵擋那些可能在不經意間突然對 IC 的攻擊。

　　首先，他們會為 IC 晶片設計防護措施，在電路設計中加入特殊的保護元件，例如電晶體、二極體或是電容等，這些元件可以吸收或分散可能導致損壞的 ESD 能量。這好比是一個護衛為王宮設置高牆和警報系統，確保外來者無法輕易進入。

　　接著，靜電放電防護設計工程師會制定和執行測試程序，

以確保並驗證這些防護措施是有效的。這就像護衛進行模擬攻擊演習，確保當真正的威脅出現時，防護系統能夠啟動發揮作用。

此外，他們還需要去教育和訓練在工廠從事製造和處理 IC 的人員，讓他們了解如何正確地處理 IC，避免在生產或組裝過程中引發靜電放電。這可以比喻為護衛訓練宮廷內的所有人員，讓他們知道如何在危機時刻保護自己和王室成員。

最後，靜電放電防護設計工程師還要不斷更新和改進他們的策略和工具，以應對不斷變化的外部環境和新出現的威脅，也就是保護技術也需要不斷地進步。這就像護衛必須不斷學習新的防禦技術和策略，以保持他們的守衛工作始終能在最佳的狀態。

透過這樣的比喻，社會新鮮人可以更容易理解靜電放電防護設計工程師的工作不僅是技術性的，同時也需要戰略思維和持續的創新意識，以確保他們所保護的「珍寶」免受損害，確保技術的可靠性和穩定性。

靜電放電防護工程師的一天

靜電放電防護工程師主要的工作職責

靜電放電防護設計工程師主要是負責在 IC 晶片上的防護設計，以保護電子元件在 IC 晶片上免於 ESD 造成的損害。他們的工作職責廣泛，從電路設計到實施各種防護策略，並通過驗證測試來確保這些策略的有效性。

主要工作職責：

設計 ESD 防護方案	設計帶有內建 ESD 保護的電子元件，如在 IC 設計中加入保護二極體、電晶體或是電阻。
模擬和測試	在 IC 設計階段時，使用專業軟體進行 ESD 模擬，確定不同設計選擇的效果。最後用實體的封裝 IC 進行實體測試來驗證這些模擬的準確性。
制定 ESD 防護設計的準則	制定 ESD 防護設計的準則，以確保設計出來的 IC 晶片預期能夠具備符合一定規格的靜電防護能力。
人員培訓和指導	與品保單位合作，培訓公司人員具備 ESD 防護的觀念。對於從事 IC 製造、組裝和測試的人員，使他們能夠了解如何處理敏感電子元件，避免受 ESD 的損害。

靜電放電防護工程師的工作日常

靜電放電防護設計工程師平常在公司要做的事情,例如:

1. 執行 ESD 風險評估

當一位 IC 設計工程師在評估新的晶片產品或是對現有設計進行修改時,他們需要考慮到 ESD 的風險。這就像是在搭建一座橋樑時,需要確保橋樑能夠承受暴風雨帶來的壓力一樣。靜電放電防護設計工程師需要協助、並確保晶片在面對 ESD 這一種突然而強烈的電擊時,IC 不會受損。

為了這個目的,他們會先模擬靜電放電的情況,看看晶片是否能安全地承受這種瞬間的電流衝擊。如果發現風險,他們會提出一些改善措施,就像是在橋樑增加支撐或是使用更堅固的材料來提高安全性一樣。靜電放電防護工程師也可能會在晶片設計中添加保護元件或改變佈局,來提升對靜電放電的防護能力。

2. 技術交流和協作

與研發單位的 IC 設計團隊、生產部門或品保單位會經常開會溝通,確保晶片的 ESD 防護措施在各階段得到有效地實施。

3. 故障分析

想像一下，你買了一個全新的保護殼來保護你的手機，但是當你不小心讓手機從桌子上掉下來後，發現手機螢幕還是破了。這時，保護殼的設計師需要像一位偵探一樣去找出問題，確認保護殼是不是沒有按照預期的標準功能來保護手機？

同樣的，在 IC 晶片的情境中，如果經過測試後發現晶片的 ESD 防護性能不達標，那麼負責靜電放電防護的工程師就需要進行故障分析。他們會檢查晶片的各個部分，找出是不是因為 ESD 防護設計不當所造成的問題，比如防護措施不足或是設計選擇不當。

一旦找到問題所在，靜電放電防護工程師就會根據這些發現提出改進的方案，比如改進保護元件、增加防護措施或調整晶片內部的佈局，就像修理或升級手機保護殼一樣，以確保下一次必定能夠有效保護晶片免受靜電的損害。

靜電放電防護工程師常會遇到的困難與挑戰

以過來人的經驗，在此分享靜電放電防護工程師可能常會遇到的困難與挑戰，簡單地歸納如下：

1. **技術更新快速**：隨著技術的迅速發展，新的電子元件和製程不斷推陳出新，靜電放電防護工程師需要透過不斷地學習和適應新技術，確保 ESD 防護措施的有效性。

2. **設計與效能或成本的平衡**：在增強 ESD 防護的同時，需要考慮到 IC 的性能和晶片面積的成本。如果過度設計保護可能影響 IC 性能或增加不必要的晶片成本。

3. **跨部門的合作與協調**：ESD 防護措施會涉及多個部門的合作與協調，例如設計單位、生產單位、測試單位或是品質保證單位。靜電放電防護工程師需要有效協調這些部門，以確保措施得以有共識地順利實施。

4. **故障分析診斷困難**：要確定元件失效是否真由 ESD 引起，往往需要深入的技術分析和有經驗的判斷，這對初踏入靜電放電防護領域的工程師來說會是一個挑戰。

　　總結來說，靜電放電防護工程師的工作不僅要求深厚的專業知識和技術技能，還需要良好的問題解決能力和協作能力，以在快速變化的技術環境中保持產品的可靠性、安全性與產品競爭力。

擔任靜電放電防護工程師可能的益處

靜電放電防護工程師的職缺雖然不是大宗，但擔任靜電放電防護工程師除了能為自己在半導體產業中帶來還不錯的收入之外，還有其他的益處。這些益處不僅包括專業成長和技術提升的機會，還包括對個人職業道路和行業發展的重要貢獻。以下是一些主要的益處：

1. IC ESD 防護設計是需要有高度專業的獨門技術，未來被取代的可能性不高。

2. 靜電放電防護工程師在半導體產業中，是晶圓廠和 IC 設計公司同時都需要招攬的人才。換言之，你有機會可以選擇到晶圓廠或是到 IC 設計公司工作。

3. ESD 防護設計的工作單位通常大多隸屬於技術發展（TD）或是研發（R&D）的組織之下，表示 ESD 防護設計是公司所重視的單位之一。

4. ESD 防護設計的工作是屬於研發類別的工作，將來有機會發表專利、研究論文或是參加國內外舉辦的國際學術研討會。

5. 專業成長和技術專精：作為靜電放電防護工程師，你將深入再學習和應用半導體物理學、電子學和半導體製程等多個領域的專業知識。這不僅會加深你的技術理解，也會使你在電

子和半導體行業中變得更加專精。

6. 創新和解決問題的成就感：在這個職位上，你將面對設計和實施 ESD 保護措施的挑戰，它會需要創新解決方案來保護敏感的電子元件。這種挑戰帶來的是解決複雜問題後的成就感，並且能夠直接看到你的工作如何影響著產品的品質和性能。

7. 跨領域協作：在這個角色中，你將有機會與不同的團隊和部門合作，包括設計、生產、品保部門等。這不僅可以擴展你的專業網絡，還能提升你跨部門的團隊合作和溝通能力。

8. 對產業的影響：ESD 防護設計直接影響到電子產品的可靠性和壽命。作為這一領域的工程師，你的工作對於保護高科技設備、支持技術創新和確保消費者電子產品安全具有重要意義。

　　總之，靜電放電防護工程師的工作是身處於一個可以提供充滿挑戰和機會的職業環境，使你能在技術和專業技能上不斷地進步，同時也為公司提高電子產品的品質、安全性與產品競爭力做出貢獻。

如何加入靜電放電防護工程師的行列

技能 & 經驗

對於社會新鮮人來說，要成為一名靜電放電防護工程師需要具備一些相關的學術背景和專業知識。因為這個職業通常需要一定的技術和科學教育基礎，以下是一些關鍵的學科和學歷要求，以及建議社會新鮮人要如何準備加入靜電放電防護工程師這個專業領域。

需要的學科背景，如下：

1. **電子工程相關的學科**：這是最直接相關的學科，提供必要的知識基礎，包括電路設計、半導體元件物理和電子學等。

2. **物理學**：深入了解元件物理學，尤其是電磁學，有助於理解靜電和其對電子元件的影響。

3. **半導體製程**：了解半導體製程對於未來從事 ESD 元件開發的工作是必需、也是非常重要的。

4. **電腦輔助設計**：在 ESD 防護設計工作中，電腦輔助設計（CAD）常使用於電路設計和模擬，所以基本的編程和使用技能是必備的。

有關學歷背景的要求，通常是需要至少學士學位以上的學歷，大部分的雇主會希望面試者是電子工程、電機工程或理工相關科系的畢業生。如果是擔任研發性質較多的角色職位，碩士學位可能會是需要的，尤其是在這個競爭激烈的就業市場及專業化的研發團隊中。

社會新鮮人該如何準備

1. **專業的實習經驗**：尋找與 ESD 防護或電子製造相關的實習機會，這將提供實際的行業經驗並增強你的履歷（例如在學生時期的寒暑假加入晶圓廠或是 IC 設計公司的研究生實習計畫）。

2. **參加專業研討會和認證課程**：參加 ESD 相關的研討會或是認證課程，例如 ESD 防護專業工程師的認證課程，這些都有助於提升專業技能和理論知識。

3. **加入相關的專業學會**：如電機電子工程師學會（Institute of Electrical and Electronics Engineers，IEEE），以擴展你的專業網絡和了解行業的動態。

4. **持續學習**：科技領域日新月異，不管是還在學校或是已加入職場，都需要持續學習新的知識、新的技術與新的方法，並

擁有不斷創新的思維。

以上，這些建議，不僅可以為社會新鮮人進入靜電放電防護設計工程師的職業生涯做好準備，還能在求職過程中脫穎而出。進一步的教育學習和實際工作經驗的累積是這個專業領域的重要基石。

面試重點

對於社會新鮮人來說，要面試靜電放電防護設計工程師的工作，需要準備和注意幾個關鍵點，以提高成功率。這些準備工作不僅涉及專業知識和技能的展示，還包括對應聘公司的了解以及能力與熱情的有效傳達。

讓徵才主管知道你具備的專業知識或實習經驗：

1. **理論基礎**：熟悉 ESD 的基本原理，包括不同類型的 ESD 事件（如人體模型 HBM、機器模型 MM 和元件充電模型 CDM）和 ESD 對於電子元件的影響。

2. **ESD 防護措施的知識**：了解常用的 ESD 防護技術和元件，例如防靜電包裝、ESD 抑制二極體、工作環境的接地技術等。

3. **實習經驗**：如果你有在企業中的相關實習經驗，對你的面試

過程是大大加分。和面試官分享你過去在公司的實習經驗或是個人研究中對 ESD 防護措施的實際應用，以展示你的實踐經驗和解決問題的能力。

　　同時，在面試之前，先多去了解應徵公司的背景、公司的產品、市場定位和公司的營運狀況。面試技巧則著重於展現你個人的優點，例如：

1. **溝通和表達能力**：清晰地說明你的思路和解決問題的方法，展示你的溝通和表達的能力。

2. **解決問題的能力**：如果你過去有 ESD 相關的工作實習經驗，可以分享過去曾經如何分析和解決具體的 ESD 相關問題，包括提供過去實習經驗的具體例子。

3. **熱情和動機**：表達你對 ESD 防護工程領域的熱情，以及想要選擇這一職業道路的動機。

　　面試的準備其實不僅限於專業技術問題，積極地展示你的學習能力、適應能力和團隊合作精神也是至關重要的，也就是要在面試過程中能多多展現自己具備的優點。另外，在面試的過程中，自己也可以觀察和面試主管之間的互動，是否容易和主管進行溝通，因為未來和工作主管的相處和互動關係也將會是在這個工作單位中重要的一環。

未來發展

靜電放電防護設計工程師的職業未來發展前景是多方面的，隨著技術的進步和電子設備可靠度要求的提升，這一個職業在半導體電子產業中變得越來越重要。以下是一些可能的職業發展路徑和前景：

1. 專業成長和晉升

隨著工作經驗和專業的積累，可以從工程師晉升為資深工程師／主任工程師，負責更大範圍的專業項目管理。進一步成為專案經理，管理整個產品開發周期中 ESD 相關的部分，從初步設計到最終測試和實施。未來也可能成為專業的顧問或專家，成為行業中公認的 ESD 防護領域專家，提供技術領導和創新指導。

2. 跨職能角色

ESD 工程師也可以轉向品質保證和可靠性（Quality & Reliability）的工程角色，專注於提高產品在整個生命周期內的性能和耐久性。

3. 研究開發與學術發表

在企業的研究部門工作，開發新的 ESD 防護技術和元件，也可以發表研究成果的學術論文。未來也可以進入教學領域，培訓未來的 ESD 工程師，或在研討會和專業會議上分享專業知識及學術成果。

4. 行業擴展

在半導體製造和 IC 設計的產業中，ESD 防護設計持續是一個關鍵領域。未來在其他電子應用領域也是格外的重要，例如：

（1）車用和航太：隨著電子系統車用或航太領域的應用增加，ESD 防護設計在確保系統可靠性中的作用變得越來越重要。

（2）消費性電子和通訊設備：智慧型手機、平板電腦和其他便攜式裝置對於 ESD 防護的需求也持續在成長中。

5. 持續學習和專業認證

透過持續的學習和進修，獲得更高的教育學位或是專業認證，例如在電機工程、電子工程或是材料等理工相關工程領域獲得碩士或博士學位，也有機會取得如 ESD 協會提供的專業認

證，這可以提升專業資格和市場競爭力。

　　總之，靜電放電防護設計工程師的未來發展只要努力就充滿機會，由於技術的不斷進步和對於電子產品品質要求的提高，這一個角色在許多高科技行業中充滿了挑戰性。

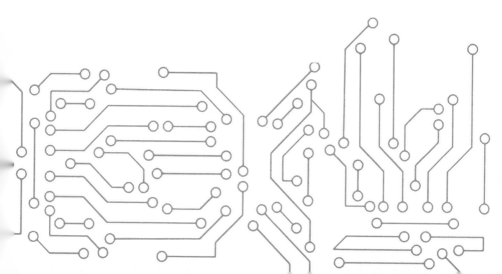

Chapter 11

故障分析
工程師

安琪拉

經歷

台積電／聯發科　故障分析工程師、外商現場品質工程師

故障分析工程師：隱藏在科技公司的名偵探

現代社會已經全面進入電子時代，電子產品成為我們日常生活中不可或缺的一部分。從綁定各種功能的智慧型手機到工作必備的筆記型電腦，從自動溫控調節冷暖氣機到全套智慧家居設備，電子產品無處不在。無論是在工作、學習、娛樂還是社交，人們都依賴這些科技工具來提升效率、獲取資訊和保持聯繫。即使是短暫的斷網或手機沒電，都可能讓人感到焦慮和不便。這種依賴性顯示出電子產品已經深深融入到我們的生活中，成為現代社會運行的重要基石。一切便利生活的開端，全依賴於先進半導體技術的進展，而半導體技術發展和應用，離不開像台積電這樣的晶圓廠以及像聯發科這樣的 IC 設計公司共同創造出可靠而高效能的晶片。半導體產業繁榮的背後，除了有衝在第一線的研發單位開發出最新的技術外，還有一群人默默地在背後為產品的品質和可靠性保駕護航，他們就是故障分析工程師。

FA，亦即故障分析（Failure Analysis），是科技公司中一個至關重要的角色。從產品初期的研發、中期的驗證、末期的量產與最後售後的客退，都有故障分析工程師的身影。他們工作的最終使命，是找出產品中出現問題的根本原因，反饋給研發

或生產單位修正技術或生產流程，並且制定出修正辦法，從源頭改正錯誤以防止同樣的問題再次發生。故障分析工程師在科技產業裡的定位，是守護產品品質的最強防護傘，知道問題的核心才能避免治標不治本、見樹不見林的窘境。但事實上半導體的製造流程錯綜複雜，想找到問題的根源並沒有那麼簡單。故障分析工程師可以被視為隱藏在科技公司中的偵探，需要具備深厚的專業知識和敏銳的觀察力，才能排除萬難找到最終的真相。

故障分析的工作一言以蔽之，就是把問題的根因找出來。這聽起來似乎非常單純，實則不然。隨著科技的進步，我們常常在新聞上聽到奈米科技，某某公司將製程從 3 奈米推進到 2 奈米。奈米、奈米、奈米，一個奈米有多小？我們可以用頭髮的尺寸當作比較的對象。一根頭髮的直徑大概是 5 萬奈米，也就是兩奈米的 2 萬 5 千倍。可以想像，這些高科技的製程技術是在連顯微鏡都看不見的世界中進行的，隨著科技的發展把元件的尺寸越做越小，所有相對應的分析工具也要同步進步。故障分析單位協助研發單位解析最小尺寸的製程問題，自然也要與時俱進，發展出相對應的高階機台與技術，在奈米尺寸的世界中協助解析各式各樣的難題。

與麻煩共存的關鍵人物

日新月異的科技業，最常感受到「時間就是金錢」的意義，所有量產時程的延遲，代價都是盈利的損失，若是發生在關鍵的產品上，甚至會大幅的影響公司的股價。產品的開發到生產會經歷幾個不同的階段，其中最關鍵的莫過於量產前驗證的把關，以及量產初期的客戶退貨分析。

量產前的驗證關係到何時能夠順利進入量產，必須想辦法抓出設計上或製造上的問題，並且把所有的問題解決，確保該問題不會在量產時發生，才能將產品導入量產。有買過 3C 產品經驗的你我都知道，最新的技術與功能對產品競爭力的加分效果。各公司都希望將最新穎的技術在第一時間快速推向市場，成為第一個於市面上生產的廠商來搶佔市場。這個時候，驗證的時間與量產的時間往往非常接近，一旦在量產前的驗證發現問題，事勢變成十萬火急，故障分析工程師必須扮演救火員的角色，沒日沒夜地分析、找出問題的根因，並與相關團隊合作找到解決方案。

除了量產前的江湖救急，量產初期的退貨分析也非常重要。量產初期驗證數量通常在幾百到幾千，但正式出貨後，幾十萬甚至幾百萬的產品在 1、2 個月內賣出，此時才是真正考驗產品

233

品質的時候。重視品質的公司會在出貨初期統計產品的退貨率，dppm（百萬分之一）客退產品的分析是品質保證非常重要的一環。簡單來說，會統計每出貨 100 萬台產品發生故障造成客戶退貨的數量。再將所有的故障退貨產品逐一分析，找到故障的原因並加以改善，確保之後的產品的不會在出現相同的問題。因為新的產品上市關係到該產品的口碑，所以整個分析的步調會非常迅速。要在短期內找到問題，並且與生產製造單位對接，確保該產品會得到有效的改善。這個環節生產商通常會非常在意，所以故障分析工程師的壓力也非常大。但如果能夠有效地改善，產品的品質能夠得到保證，產品的口碑也會因此上升。

　　除了產品的驗證和初期客退分析，最災難性的事件是生產意外。有時候產品順利上市後，卻突然收到通知，有高達數千甚至數萬 dppm 的客退事件，例如，某款智慧型手機在市場上發現電池存在過熱問題，使用者在充電的時候容易引發爆炸的現象。問題的解決變成分秒必爭。故障分析單位必須立即介入，日以繼夜將收集到的故障樣本進行詳細分析，找出電池過熱的原因。無論原因是原始材料發生變異問題、設計缺陷或者是生產過程中的問題，都必須在最短時間內找出並提出解決方案。客戶的滿意度跟商譽會受到緊急意外事件的影響，所以自然整個品質單位就像熱鍋上的螞蟻，要分秒必爭地找到問題。問題

若無法快速解決，公司財務與名譽都會受損。每次開會，開頭常常都是故障分析單位打頭陣，大家都很關心：「故障分析有什麼最新的發現？什麼時候可以有最新的結果？」這時候，身為第一線的故障分析單位就知道「焚膏繼晷」的真正含義了。

十年磨一劍，心中有明鏡

故障分析工程師的工作並不簡單，當產品出現問題，可能的源頭根因包山包海，故障分析工程師必須先框列出所有的可能，再分析鎖定出可能有問題的方向。想像一個產品的誕生，晶片從晶圓廠完成製造出廠，經過層層測試篩選出好品，這樣的好品經過封裝再組裝成為成品，賣給客戶後發現故障⋯⋯問題來了，最終的結果是產品發生故障，但要如何知道是在哪個環節、哪個時間、哪個原因導致產品故障？

我們試著依照生產流程逆向拆分所有細節往回溯：

- 會不會是在生產線的測試環境有問題？
- 會不會是在工廠機構的組裝環境有問題？
- 會不會是在送達工廠的保存環境有問題？
- 會不會是在運送的過程有問題？
- 會不會是在打包出貨的環境有問題？

- 會不會是在封裝的環境有問題？
- 會不會是在晶片測試的環境有問題？
- 會不會是在晶片生產時就有微微的缺陷問題？

　　從微小的晶片缺陷到整體系統的機率性故障，無一不存在可疑之處。故障分析工程師的任務就是一步步抽絲剝繭，找到問題。故障分析工程師的檢查工作包含：請出貨單位收集所有相關數據，例如產品的生產日期、批次號、使用情況等，並推測影響的範圍；鎖定失效的主體部位及確認失效情境；根據情況選定對應的儀器找出失效的案發現場；針對失效的物理樣貌回推成因，最後在與工程單位研究回推出可能的根因；制定相應的對策與預防性防範措施。

　　在這個過程中，故障分析工程師需要運用他們豐富的知識來解釋觀察到的現象。半導體材料的物理特性、電子元件的工作原理、不同工藝流程可能引發的問題等，都是他們需要考慮的因素。當找到問題的可能原因後，故障分析工程師會與相關工程單位或可靠度單位合作進行驗證。模擬故障發生的條件，觀察是否能夠再現問題。這一步非常關鍵，因為只有確認問題的真正原因，才能進一步制定有效的解決方案。

　　有經驗的故障分析工程師非常珍貴。俗話說「十年磨一劍」、「台上十分鐘，台下十年功」。當你與有經驗的故障分

析工程師討論，你會發現他們之所以能夠快速地判斷可能的方向，是因為他們累積了許多過去分析經驗以及案例在腦袋中。所以當他們聽到你描述整個故障的背景故事，可以觸類旁通地找出過去類似的案例提供分析的方向。就像很有經驗的醫師，聽到你描述的症狀，就能在幫你做各式各樣的檢查前，先猜測出懷疑的方向。故障分析工作還有一個特點，是需要擁有強大的圖像判讀能力。像是你在看牙醫的時候，如果懷疑有蛀牙，醫生會安排牙齒 X 光影像，透過 X 光圖像判斷你是否真的有蛀牙的情形。有些時候，醫生會指著一些陰影說這就是可能有蛀牙的位置。在你看來，所謂的陰影感覺起來不過是一些色差。故障分析工程師也一樣，他們可以經由這些在一般人看起來沒什麼差別的圖像中判斷出瑕疵問題，而這些經驗和技術是長期累積的成果。優秀的故障分析工程師能快速從許多線索中找到問題，並判定原因，這樣的能力是經年累月地看了幾千、幾萬張圖後累積出來的實力。

故障分析工程師的一天

排定實驗與分析

　　故障分析工程師每天早上到公司，會先盤點手頭上所有的案件，針對其重要性進行排序，並且與機台設備排案件人員討論，確認當天所需的機台資源是否充足。整套完整的故障分析流程，前後可能有數十道程序需要使用到分析機台。實驗室的機台往往價格不菲，便宜的幾十萬、貴的高達上億。越先進技術的分析機台就越貴，所以常常開玩笑說，做故障分析就像在做軍備競賽，比的不只是實力，還有財力。所有的分析都仰賴這些機台，沒有上機台做實驗分析，就不會有產出。一個實驗室有好幾十個工程師排隊需要用這些機台分析，因此，如何在有限的資源下安排以最大化效能，也是一門重要的功課。比較大型的公司或者是實驗室，都有專職的人員協助調配機台的使用配置，以最大化機台的使用率與得到最高的產出。

跨部門內部會議與客戶會議

　　故障分析工程師通常會參加跨部門的案件討論會議。這些

會議中，故障分析工程師會與生產部門、品質控制部門、研發部門等討論現有案件，獲取更多背景資訊，這些資訊有助於他們更快找到解決問題的方向。跨部門會議不僅是資訊交流的平台，也是故障分析工程師提出分析成果和建議的重要場合。例如，如果故障分析在分析某個案子時，發現某條線路疑似有斷線的現象，他需要測試單位協助確認是否在測試時就已經看到該線路有問題，還需要找研發單位確認目前失效的現象是否與斷掉的線路有直接的相關性，所有前因後果都需互相吻合且沒有矛盾，才是一個成功的分析。沒有找到正確的失效原因，就無法提出有效的修正方案，故障現象也會一而再、再而三地出現。

故障分析最忌諱看到黑影就開槍，比如今天發現有一人意外身亡，你可能會看到他身上有被刀傷害的痕跡，但必須進一步追溯這些刀傷是否足以致命，如果刀傷不足以致命，自然需要再往別的方面追查確切的死因。

當完成分析後，除了與工程單位討論解決方案，還需要參與對外的客戶會議說明產品失效的原因。針對故障產品，需要與客戶交流讓客戶安心。在開會時，客戶也會提出由他們觀點看到的疑問。如果只讓客服單位說明，往往無法以專業的學理角度回答客戶的疑問，使客戶相信問題已被有效解決。

進實驗室進行分析實驗

故障分析工程師在獲取到足夠的資訊後，會開始進實驗室做實驗。他們會根據故障現象，選擇合適的檢測設備，對產品進行深入分析。該案件的工程師會是最了解前因後果的人，在操作實驗機台時也最能了解自己想要檢查的細節。像是前面提到的斷線案例，同樣是懷疑斷線，使用電子顯微鏡操作時，有可能一開始就把線做得太細造成線路要斷不斷，或者是材料的本質有問題很容易就變形斷掉，又或者是異常的大電流通過瞬間把線燒斷，在做檢查前都無法斷定。故障工程師上機的時候，就可以藉由操作電子顯微鏡切換不同的拍攝條件找出蛛絲馬跡。因此，工程師親自上機是一個重要步驟。

數據分析與報告撰寫

在完成詳細分析後，故障分析工程師需要完成相關報告彙整，並將結果記錄在案。這一步驟非常重要，因為故障分析工程師需要將自己的分析結果和建議以書面形式呈現給相關部門。報告中需要詳細描述故障現象、分析過程、發現的問題以及建議的解決方案。在撰寫報告過程中，故障分析工程師會將觀察到的現

象、使用的檢測方法和數據、得出的結論一一記錄，並配上相應的圖像和數據表格。這些報告不僅是解決當下問題的依據、改進後續產品的方針，更是可以作為未來發生類似問題的資料寶庫。

專案探討與技術交流

　　故障分析工程師的工作不僅限於解決當前的故障問題，還需要參與專案討論和技術交流。科技公司鼓勵工程師在專業領域有所表現，故障分析工程師也會經常參與一些專案的探討和研究，發表期刊和論文，分享自己的研究成果和經驗。在這些專案探討中，故障分析工程師會與其他部門的工程師一起，討論新技術和方法，探索如何提高產品的可靠性和品質。這些討論和交流不僅有助於故障分析工程師自身專業成長，也有助於公司整體產品品質的提升。

　　例如，某次專案討論中，工程師 A 某提出了一種新的檢測方法，可以更快速準確地檢測出生產中晶片內的微小裂紋。他將這個方法提供給封裝相關單位，討論該手法的適用產品線，然後與其他單位合作將其融入量產出貨的檢驗過程中，普及公司的各個產品，不僅提高檢測效率，還降低了未來產品出貨後的故障率。

技術研讀與自我提升

　　故障分析的技術日新月異，新的製造技術推進也會催生新
的分析工具。故障分析工程師的工作不僅侷限於日常分析的工
作和故障產品的排查，還需要不斷學習和提升技術水平。所有
當時最前端的技術，過了 1 年後可能變成普遍使用的通用技術
手法。筆者永遠記得第一次看到三維度削切電晶體到奈米等級
的震撼，可以將一個只有奈米等級的電晶體透過穿透式電子顯
微鏡製造出 3D 的立體影像，無死角地看到結構上的問題，而 1
年後這已經變成一般的手法。定期閱讀最新技術期刊和論文，
了解行業最新發展動態和技術趨勢，是故障分析工程師保持專
業競爭力的重要途徑。如果只是日復一日地悶頭待在實驗室做
實驗，就不會知道外界已經進步到什麼程度了。

▌如何加入故障分析工程師的行列

技能 & 經驗

　　在談什麼樣的背景適合加入故障分析單位以前，需要對半
導體產業架構有簡單的了解。半導體產業鏈可以簡單拆分成上

游、中游和下游三個主要部分，上中下游各自負責不同的環節，工作內容也大不相同。由於總體規模非常龐大，對於即將要進入科技業的學生或者是新進科技業的新人來說，常常對於各個不同類型的公司或者公司內不同的單位所做的工作內容一頭霧水。現實上，同樣是故障分析的工作，在不同公司所負責的工作內容更是天差地遠，在大規模的科技公司，區分會更細。因此，本章節盡量用比較大方向的方式，介紹故障分析單位在不同性質的半導體公司所扮演的角色，詳細的內容在應徵的時候建議詳讀該職缺的工作描述，以及在面試的時候與該單位主管清楚了解該職務的角色，才不至於進入單位以後才發現與想像的差距很遠。

◆ 上游

　　上游主要包括半導體材料和設備的製造。這部分的企業負責提供生產半導體晶片所需的材料和設備，例如先進製程曝光所必備的光刻機、薄膜沉積設備、蝕刻機、化學機械研磨機、量測設備等。常聽見的半導體設備製造商如荷蘭的艾司摩爾（ASML）、美國的應用材料公司（Applied Materials）、科磊（KLA）、日本的日立（Hitachi）等。他們所需要的故障分析人才比較偏向於針對該設備所生產出來的產品做材料或結構方

面的分析。偏向化學與材料科學分析類別，適合大學研究所主修物理、化學、材料的專業人才。

◆ 中游

中游主要涉及晶片的設計和製造。這部分的企業專注於研發新製程或做線路設計，並製造出實際有功能的半導體晶片。相關企業包括晶圓代工廠如台積電、聯電以及 IC 設計公司如高通（Qualcomm）、聯發科（MediaTek）、博通科技（Broadcom）等。還有封裝公司如日月光半導體（ASE）、矽品精密工業（SPIL）也屬於這一部分。中游的半導體廠商由於涉及要實際把新產品開發與製作，通常都有堅強的故障分析團隊。

以晶圓代工廠為例，故障分析單位包含研發階段問題的材料物理故障分析團隊，會針對研發階段的新製程新材料做物理化學相關的成分分析，並針對驗證過程中失敗的產品，找到失敗原因並反饋給工程團隊做電晶體結構的參數調整。還有可靠度分析團隊分析在可靠度驗證階段失敗的產品結構上，有什麼不良的地方造成可靠度的問題。以及售後失效分析團隊，負責了解為何驗證過的產品出到客戶端後會有失效行為。由於負責的項目多，所需的人才背景也不盡相同。基本上工學院、理學院中電機、物理、材料、化學相關專業的人士，都可以找到適

合他們的故障分析團隊。

　　IC 設計公司則比較特別，因為 IC 設計公司通常拿到的東西都是經由晶圓廠已經做過驗證的產品，所以在理想上，這些東西應該比較少是源自於製程上的問題。所以故障分析的重點比較傾向於找到已經做成晶片後又失效的電路位置，再返回去討論到底是製程上還是有一些小問題，或者是設計上面就有弱點。因此需要對電路有一些基本概念，適合電資相關背景的人加入，或者是物理、材料系有修過電子電路、半導體物理課程的人。

　　封裝和測試公司本身也會負責機板的設計和製作，所以需要故障分析團隊參與新材料新結構的分析，以及幫助客戶找到出貨後有客退產品的故障原因。由於涉及一些材料相關的知識和線路的串接，適合物理、材料、化學專業背景的人才加入。

◆ 下游

　　下游主要涉及將半導體產品整合到最終應用產品中，這部分的企業使用半導體晶片製造各種電子產品。電子產品製造商如蘋果（Apple）、三星電子（Samsung Electronics）、小米（Xiaomi）等公司，將半導體晶片集成到智能手機、電腦、家電等最終產品中。對於下游這樣的電子產品供應商，他們關心

的重點往往是為何經過檢驗的晶片在組裝成成品後會發生產品故障。因此，分析的重點著重於系統方面的整合驗證故障分析。一個產品上可能有數十顆到上百顆的晶片。產品發生故障時，他們需要成功判斷是哪顆晶片造成問題，並將晶片退回中游的 IC 設計公司，要求該公司提供發生故障的真正原因。適合電子電機、通訊、機械專業背景的人才加入。

◆ 專業技術服務類公司

除了上游、中游和下游外，故障分析這個領域還有專業技術服務類別的公司存在。台灣來說，最常聽到的包含宜特科技、閎康科技、汎銓科技等都隸屬於此類故障分析專門技術公司。他們主要提供包括半導體、電子產品、材料科學等領域的測試、分析和故障診斷服務。這種公司通常會有兩個事業群：第一個是測試相關服務，第二個是故障與材料分析服務。故障分析單位就是隸屬於後者，主要的工作內容在於替客戶進行故障相關的分析服務以及材料相關的分析服務。由於接案的領域範圍很廣，適合的背景也很多元，適合大學研究所主修物理、化學、材料、電子電機的專業人才加入。

本身所學的專科學門似乎是一個基本的門檻。但是，如果本身專業並非前述的物理、化學、材料、電子電機等類別，而

是像工業管理、交通運輸、外文系、商學院等，是否完全沒有機會呢？其實答案並非如此絕對。故障分析的工作有很多部分仰賴於機台的操作或試片的製備，這些工作的精髓在於操作者的細心與練習，因此對學科背景的要求並不那麼嚴苛。有些公司會聘請助理工程師來協助工程師執行分析業務，或者是服務類公司需要大量工程人員進行機台操作和試片製備，這些受聘的人很多是沒有相關背景的，從零開始學起。這算是一個非理工背景進入該行業的契機。如果你大學學的是非相關科系，但仍然很想進入科技業，可以考慮從助理工程師或操作機台的工程人員開始入門。在經過一段時間的磨練後，也可以考慮轉職到科技公司的其他單位。

面試重點

　　不論是科技業的新鮮人還是職場老手，想要換工作，成功拿到聘書前最重要的當然是通過面試。所謂知己知彼，百戰百勝；面試要成功，首先需要了解開缺的單位想找什麼樣的人才。我們可以將事情簡化。假設有一家公司開了一個故障分析相關的職缺，許多人前來應徵，面試官會在眾多面試者中，選擇最符合該職缺需求的人，這個人就是錄取的第一順位。延伸這個

概念，我們就需要了解如何成為第一順位貼近職缺需求的人。

　　故障分析相關職缺的主管尋找的工程師可初步分為以下三種類型：

◆ 初階工程師（菜鳥工程師）

　　通常這類職缺會傾向找剛畢業的新鮮人或工作經驗不多的職場新人。主管尋找這類型的人，主要是想要從零開始塑形，將新人訓練成具備公司或單位文化的人，如果以台積電為例，就像是所謂的台積DNA。因此對背景還有專業技術的要求通常不會太嚴苛，面試的重點在於找到適合做故障分析的人才。故障分析人才通常具備以下特質：

- 細心且具備良好的邏輯推理能力與觀察力。故障分析工程師的工作類似於偵探，整個分析過程是否合乎邏輯，能否從微小線索中抓住重點，都是重要的特質。

- 擅長團隊合作，情緒智商（EQ）高。故障分析的工作通常涉及與外部單位的合作，很多分析需要外部單位的協助（如電路解析）才能完成。面對不同的同事，有時需要採取軟硬兼施的方式，以獲得其他部門工程師的協助。如果工程師的情緒管理不好，容易與人起衝突，在分析的時候便難以獲得其他部門協助的資源。

● 冷靜沉著，具備抗壓能力。故障分析工程師往往扮演救火員的角色，當事件升溫，所有人都著急時，仍然要保持冷靜，仔細思考如何解決手頭的難題。

　　因此，再回到一開始所提示的，面試時除了展示你的本職學能以外，盡可能展現你有具備做故障分析工程師的特質，貼近面試官所想要找的人格特質，就可以取得錄取順位上的優勢。

◆ 中高階工程師（故障分析熟手）

　　如果主管尋找的是熟練的故障分析工程師，通常有兩個情況：第一，單位缺乏即時戰力。希望能找來即戰力，能夠在短時間快速進入狀態，開始接案件並且貢獻產出。第二，希望找到不同體系訓練出來的故障分析工程師。在公司內部進行分析時，往往會開發出獨有的分析手法或試片處理方式，這些獨門的方法通常源自於大量失敗經驗的累積，不斷地反覆交叉做實驗所累積出來的技術，然後通常不會有專利可以查找（會寫成專利，其他人就知道該怎麼做了）。找不同系統培養出來的熟手進公司，可以進行技術交流，提升單位的技術含量。

　　面試時，重點在於想辦法展現你對故障分析領域的熟悉度和實作的經驗與能力，當然也要小心不要洩漏原公司的機密以免觸犯法律。

◆ 中高階工程師（跨領域背景）

此類工程師原本的工作經驗可能不是故障分析，但其工作性質或內容對故障分析領域有所幫助。例如筆者在晶圓廠故障分析單位的時候，單位裡由於需要建立故障分析結果與測試結果的關聯性，以及在實驗室製作簡單的測試定位系統，單位便招聘有測試背景且對故障分析感興趣的工程師。該工程師有測試的實作經驗，加上來故障分析單位學習新的相關知識，成就了他成為跨領域人才的資本。因此，如果你原本在其他領域工作，想轉行做故障分析，在面試時可以盡量展現你在原本領域的專業，以及對故障分析的熱情和特質，這樣自然會提高錄取的機率。

除了上述不同職缺的面試重點，英文能力在故障分析工程師面試中是絕對的加分項。故障分析是一個不斷進步的領域，不論是新的設備還是技術，都需要與國際接軌。面對外國客戶或設備工程師時，良好的英文聽說能力將成為你的亮點。

最後的小提醒：如果你已經拿到面試的機會，請保持平常心。既然被通知面試，代表你的背景已經符合該職缺的要求。除非 HR 有業績壓力（笑），否則不會有主管浪費時間去面試一個他不會想錄取的人。

未來發展

故障分析領域能夠轉換的工作職涯跑道算是滿多元的，因為很多品質相關的單位，像是客戶服務單位、產品品質稽核單位、產品品質工程單位等，都需要對產品的故障分析有一定的認知。所以如果不想一直在故障分析領域更進一步深造成為技術專家，還可以往相關的單位去發展。以下簡單介紹幾個可能的職缺：

◆ 項目經理

在累積了一定的技術經驗後，故障分析工程師可以轉向項目管理角色，這包括管理一個團隊、擔任協調不同部門之間的合作角色，以及負責大型故障分析項目的進度和資源分配。作為項目經理，需要具備良好的組織能力和領導才能，這都是在做故障分析時會培養的相關經驗與能力。

◆ 質量控制與保證

質量控制和保證（QA/QC）是故障分析工程師的一個自然發展方向。這些角色主要集中在預防故障的發生，確保產品的每個製造步驟都符合標準。在這個領域，需要對生產過程有深

入的理解，並能制定和實施質量控制計畫。在處理客戶的故障問題分析過程中，自然而然會對產品的各個面向有所了解，因此在累積了一定的經驗後，可以擔任這個質量品質把關的角色。

◆ 客戶支持與服務

　　一些故障分析工程師選擇轉向客戶支持和服務部門。在這個角色中，需要與客戶互動，解決他們在使用產品過程中遇到的技術問題。這需要有良好的溝通能力和豐富的背景知識，能夠迅速理解和解決客戶的問題。故障分析工程師以往在處理各式各樣的故障分析問題時，自然會接觸到來自客戶端的各式各樣意見，也因此具有豐富的經驗了解整體的狀況。因此若轉職擔任客戶服務相關的工作，能夠了解客戶擔憂的角度，並且針對當時的情形做正確的判斷和給予專業的分析安排。

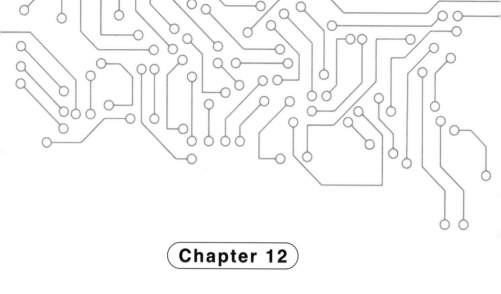

Chapter 12

生產管理

天機

聯發科技　生產管理經理

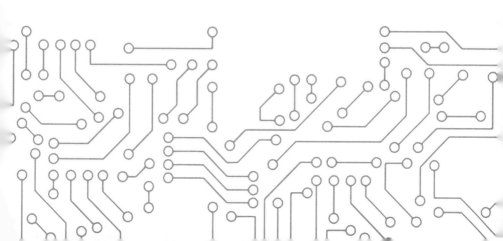

生產管理工程師：
製造業、半導體供應鏈的幕後英雄

回顧從個人電腦 PC 時代、網路時代、智慧手機時代、電動車，到現在最夯的 AI 時代來臨，只要有產品銷售的企業，就一定有生管工程師的舞台。即使未來 AI 應用成熟，生管工程師的價值只要掌握市場變化懂應變，依然在不同產業是缺一不可的角色。企業的致勝核心雖然主要是：（1）研發技術；與（2）行銷策略競爭，但沒有生管工程師的佈局與執行，產品就難以在市場上贏得先機且銷售順利。透過完整地規劃與嚴格地執行（3）生產與供應鏈管理，實現交付給客戶，達成公司的營收目標，此為生管工程師的價值所在。

2020 年爆發疫情，2020 ～ 2022 年全世界面臨缺晶片氛圍，供應鏈管理的好壞成為影響企業獲利與生存的關鍵之一，再加上中美貿易戰引起的地緣政治緊張，生管工程師即為供應鏈管理中協助產品供應穩定的幕後英雄。

生產管理的簡單概念，就是將客戶要求的產品、交期、數量做規劃，安排下線生產，讓工廠依照設定的前置時間（lead time）、在設定的產能（capacity）下，從「原物料」生產變「成品」入庫房，再由業務助理開單出貨給客戶。此概念看似單純，

但每一細節與步驟都有關鍵的管理目標與訣竅，管不好讓交貨變災難，讓公司損失營收，影響客戶信任；沒掉球剛好達交，公司營收基本達標，客戶認為理所當然；而卓越管理除了營收超標、成本優化，還讓客戶認同生管工程師的價值。

一般而言，生管工程師目標在於：（1）讓客戶滿意交貨績效與服務優於競爭對手；同時（2）達到企業最滿意的效益（時間與成本）。

CEO 與財報觀點來看生管工程師重要性

從企業最高決策者的 CEO 觀點看生管工程師的重要性，從下頁的圖表可以看出：企業核心有研發技術設計符合或是創造市場需求的產品，即為研發 RD 工程師，在科技業界中最受重視角色；卓越的產品有技巧的推廣到市場，時機加上品牌故事的行銷手法贏得市場，行銷業務團隊是 CEO 最在意的收益來源；生管團隊就是要讓這兩大支柱付諸實現的角色。

從財報觀點來看，市場行銷帶來的訂單是營收（revenue），研發、行銷與管理的日常花費就是支出（operational expense，Opex），而生管工程師在供應鏈管理中負責產品製造規劃與管控，產品製造所有的花費，如購買原材料、加工生產或外包

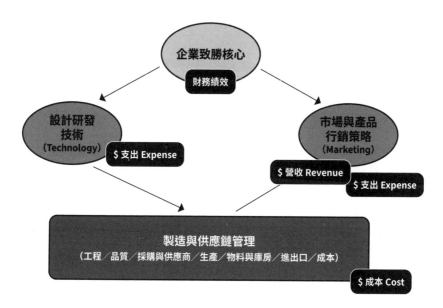

備註 1：毛利 Gross Margin =（收入 Revenue - 銷貨成本 Cost of good sold）

備註 2：營業利益 Operating Margin = 毛利 Gross Margin - Expense

等製造的費用，為了交付客戶的生產活動產生的費用，是成本
（cost）。生管工程師的管理使產品成為營收，並改善生產流程
以優化成本。

生管工程師績效一：讓客戶滿意交付

生管工程師的角色與責任（role & responsibility，R&R）
與範圍（scope）會因不同產業與製造規模而異，為確保交期

（demand fulfillment），規劃與控制的重點即會不同，但精神都是一樣的。生管工程師要在清楚各種限制條件之下，提供最佳產品供應規劃（supply plan），且分成長期（3～5年）、中期（1～2年）、短期（0～1年）的規劃，並依據規劃執行符合品質與規格的產品交付給客戶。

下圖為 IC 設計公司的生管工程師視角。有些 IC 設計公司會將不同產品線分配給不同的生管工程師管理，例如有負責電源管理 IC（power management IC，簡稱 PMIC）、有負責電視

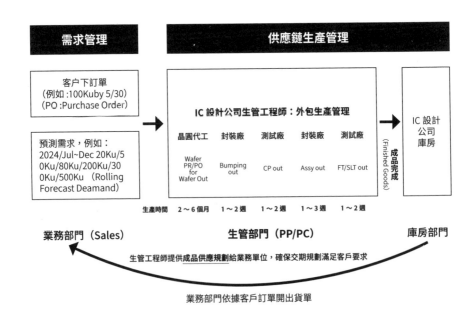

系統單晶片（TV System-on-Chip，TV SoC）、有負責 5G 智慧型手機晶片的生管工程師等。管理範圍從業務訂單或預測需求的目標作為生產排程規劃的依據，並執行各種生產流程的外包作業。身為 IC 設計公司的生管工程師，即成為外包廠的客戶，依不同的生產時間與產能瓶頸如期下單給晶圓代工、給封測廠。給各段不同外包廠交期與數量目標，讓外包廠的生管工程師為你處理供應鏈管控，這是很典型的 IC 設計公司的生產管理範圍。

　　剛介紹的是 IC 設計公司按產品線分類縱向一條龍管理的生管工程師。另一種生管工程師的管理範圍則是按照生產流程負責，有生管工程師只負責晶圓代工外包，管理重點則是提供晶圓廠每個產品的晶圓產出（wafer out）的優先順序（如下頁表格）。此排程包含許多專業訣竅，不只有生產前置作業（production lead time）與產能限制（capacity constraint），還須清楚每產品各段良率設定、異常發生機率，制定庫存策略因應客戶需求的變化，再展開提供各段產出目標給晶圓廠、封測廠的生管。晶圓封裝廠的生管則是管理工廠內的細部排程。

28nm wafer out	5月1日	5月8日	5月15日	5月22日	5月29日
BT IC -A	50			25	
BT IC -B	50				100
BT IC -C		100		100	25
CIS IC-A			50		
CIS IC-B	50		50		
DDIC-A	100	100	100	100	100
DDIC-B	25	75	75	50	50
	275	275	275	275	275

下表整理不同生管工程師因為不同的負責範疇,設定不同的管理重點與表現績效。

IC 設計公司	負責範疇	使客戶滿意交期的管理重點
生管工程師 A	按產品線: 客戶需求目標→外包晶圓代工→外包封測廠→成品入庫	● 成品安全庫存設定,成品交期的規劃與跟催 ● 各段流程的產能限制、生產前置時間與良率的設定
生管工程師 B	按生產流程:外包晶圓代工	● 提供晶圓廠 PO 與生產預測讓晶圓廠準備產能 ● 晶圓產出優先順序規劃,並搭配封測的產能 ● 生產進度跟催、插單急件管理
生管工程師 C	按生產流程: 外包封裝廠與測試廠代工到成品入庫	● 提供封測廠生產預測,讓封測廠準備材料、配件、產能 ● 成品入庫規劃,以及跟催、異常風險管理

　　若從半導體的上下游關係來分類，可參考下表理解生管工程師的大致範圍：

生管工程師	IC 設計公司 （如 Nvidia、Qualcomm、聯發科）	晶圓代工廠 （Foundry） （如台積電、聯電、力積電）	封裝測試代工廠 （OSAT） （如日月光、京元電）
生產管理範圍	Fabless 生產管理，外包給晶圓代工廠，晶圓產出後會到封測廠做出 IC，透過 B2B 掌握外包廠的生產製造。	各工廠依據接單，從晶圓下線到晶圓製造完成，因不同製程歷經複雜的晶圓製造工序（如晶圓清洗、曝光、顯影、蝕刻等），生產時間 2～5 個月不等。一般晶圓製程我們稱為前段（Front-End）的生產管理。	晶圓進入封裝測試的生產管理，這段從晶圓在 wafer saw 切成 Die，封裝之後變成 IC。此製程一般稱為後段（Back-End）。生產時間 1～2 個月。
生產管理型態	接單生產 （build to order） 存貨或預測生產 （build to stock or build to forecast）	接單生產 （build to order）	接單生產 （build to order）
生產管理規劃 （Planning） 與控制 （Control）	目標_ 達交率 100%（delivery fulfillment rate）：客戶所需數量與時間		
	Output_ 生產供應規劃（supply plan）：產品組合需求、優先順序、產能限制製作生產計畫（週、月、季、年）		
	Input_ 需求預測（demand forecast）：業務銷售端提供市場需求預測		
	Input_ 訂單需求（demand order）：客戶實際訂單		
	Input_ 原物料、半成品、成品庫存狀況與策略（inventory）：		
	Input_ 產能規劃與機台或配件限制（capacity planning and constraint）		
	Input_ 產品生產規格流程主檔（master data）：process route、yield、關鍵料件使用等		

生管工程師績效二：追求企業最佳的效益

　　生管工程師另一項重要任務，就是效益最大化、減少浪費，此為生管人員發揮價值的必要條件。生管人員按部門制定的標準作業程序（standard operation procedure，SOP）做生產規劃與執行跟催時，要先深入了解生產規劃參數與執行活動的細節，就能從中找出項目改善，降低成本，運用 PDCA（plan-do-check-act）循環持續追蹤改善。

　　IC 設計公司的 A 生管人員，負責公司的主力產品且按照工程單位的標準良率與正常的前置時間標準提早排程規劃（plan），分別平均外包（do）給 A 封裝廠與 B 封裝廠，而跟催產出實際發現（check）A 封裝廠的良率高於標準良率 1.5%，但生產時間卻多出 B 封裝廠 3 天時間，兩邊廠商的差異，要如何分配廠商使公司效益最佳化（act），這就是生管工程師發揮價值的關鍵。若按照客戶需求有提前交期時，為了滿足客戶交期，會選擇增加 B 封裝廠的分配，使交期比 A 封裝廠好 3 天的效益，帶給客戶多的營收。若目前安全庫存都能滿足客戶需求的提拉，使用 A 封裝廠不會影響交期，卻因好的良率帶給公司 1 年超過 100 萬美金的成本節省，生管人員分配廠商的規劃，就會傾向極大化 A 封裝廠的分配。如上表的簡單分析，並持續請

IC design house 封裝工程師設定			
	產能 (Capacity) UPD Unit per day	標準良率 (STD Yield)	實際良率 (Act Yield)
A 封裝廠	30Ku	97.8%	99.3%
B 封裝廠	50Ku	97.8%	97.8%
績效差異（Gap）			1.5%

IC design house 生管工程師設定	
標準生產 前置時間 (STD lead time)	實際生產 前置時間 (ACT lead time)
7 days	10 days
7 days	7 days

IC 單位成本（USD）	$6.5		（成本單位）
每日需求（Ku）	60		（生管工程師）
每日需求（Ku）-50% 分配 A 封裝廠	30	$2.93	（生管工程師）
每年節省金額（$K, USD）		$1,068	$6.5×1.5%×30Ku×365days
每年公司營收（$K, USD）	$1,000,000		
毛利率節省（GM% saving）		0.11%	（$1068K/$1B 營收）

求封裝工程師找出兩家封裝廠良率的差異，進而增加成本效益。另找封裝廠針對生產前置時間過長的問題，進行真因分析（人員？機台？作業流程？）尋求優化。

生管工程師團隊合作

生管工程師需懂得與上下游團隊合作，才更容易提出工作效益的改善方案。生管高層做年度計畫完成產能與生產策略，與業務單位合作，透過產銷協調擬定全年需求（demand forecast）與全年產能供應（capacity plan）大方向佈局。日常工作則依照年度規劃，與各單位合作進行調整（finetune）與回饋（feedback）。產品製程種類多，複雜度高，與製程工程師合作再優化良率設定、Route 設定等生產參數，確定各單位的條件資訊是極具效率的。生管工程師每日的工作中更可從瓶頸機台的每日產出量（如 daily movement），確保按計畫進行。生產活動過程中，生管工程師需要了解每個參數來自哪個單位，才能有效從中發現問題，進行效率提升的機會。

晶圓代工廠的生產規劃範圍橫跨多廠多製程，為了確保龐大又複雜的生產達到最佳化管理，通常晶圓代工廠會將生管工程師區分層級或範圍：

1. 供應規劃（central planning）的生管工程師，將各廠產能依據未來的需求預測做生產分配計畫，預測各廠各製程的未來的產能利用率以提早做應變，例如產能利用率過低，與業務單位合作利用降價吸引客戶下更多單提高利用率，或是與製造部商討挪用機台到需求高的製程以求利益最大化。

2. 負責對不同客戶的生管工程師（account PC）處理客戶訂單的交期做工廠生產排程，若遇到客戶急單，會設定生產批的等級（急件、特急件），或是跟其他客戶訂單重新做分配（re-allocation），以求所有客戶交期滿意。

3. 工廠的生管工程師（Fab PC）則是工廠中各生產批各站的排程，若遇到機台當機異常，需重新指派其他可用的生產流程替代，使交期與生產目標不被影響。

　　生管工程師對公司的營收與成本，是重要角色之一，運用最少的資源（machines、manpower、materials）達成生產目標，進而讓銷售順利達到利益。工廠為主的生管工程師，則需再關注設置產能（installed capacity）的嫁動率（utilization）是否充分運用，透過規劃與分配避免閒置的成本損失。

▌生產管理工程師的一天

負責晶圓代工廠的生管工程師

　　每日早上 7 點與工廠課長了解前一天的生產異常狀況、急件生產進度、關鍵產品的工程驗證等摘要（summary），完成總生產進度報告（機台稼動率、瓶頸機台的產出、急件進度等）。8:30 晨會跟廠長報告生產排程重點或需廠長決策事項。每日生產會議，黃光、蝕刻、薄膜、擴散各區工程的工作強調重點（highlight），一位黃光製程工程師提出近期重工（rework）的異常解決方案。而生管工程師則需了解工程提出的方案是否

可能會影響其他生產批的交期,因黃光工程師需借機 12 小時,停下某個關鍵瓶頸機台做調整機台的製程參數。此借機討論通常在 8:30 向廠長報告前,達成共識且有建議的定論讓廠長裁示。生管工程師與該黃光工程師會議前即溝通對某急件生產批有交期影響,但為求減少重工成本損失,生管工程師會前已評估這 12 小時的停機對該急件交期原有 24 小時的緩衝(buffer),變成剩 12 小時的緩衝,可利用專人追回後面剩餘製程來追回,故初步達共識同意這項借機請求以利解決近期的重工的異常。廠長依據該第三大客戶的急件重要性與重工虧損的比較進行裁決。

負責 IC 設計公司的生管工程師

生管工程師 B,負責剛上量 3 個月的 WiFi 晶片產品的生產規劃,每日與 Excel 報表、生產系統為伍,需求每版往上調整,並跟催外包廠的生產。從各晶圓廠生產 8 個月的 B2B 生產系統,已追蹤 WiFi 產品在 A 晶圓代工廠與 B 晶圓代工廠的生產時間(cycle time)差異很大,根據生產績效與趨勢(actual cycle time per layer monthly trend)要求較差績效的 B 晶圓代工廠改善生產時間,且每週檢視(Review)B 晶圓代工廠的生管 4

個月之久了。經過 B 工程師的驅動與了解生產效率不足的原因後，與 B 晶圓廠的製造團隊找出提升方法，即能達成雙贏、提升競爭力。畢竟，良好的生產時間對生產效率、彈性很有幫助，也能降低庫存金額。

在 B 晶圓廠還未改善前，產銷會議中與業務溝通客戶的緊急加量，會優先下單給 A 晶圓代工廠以利達成緊急加單的交付目標。但是，A 晶圓代工廠的價格較高，需與業務單位確認交期滿意的同時成本也將增加，所以交期與成本衝突的決策討論，在產銷會議中經主管核准，最後決定急單給 A 晶圓代工廠，確保公司營收最大化。

負責長期供應規劃的生管工程師

為了達到明年新旗艦產品的品質，品質管理工程師規劃需加入多道的測試或抽測站別，不僅加工高溫與低溫測試道數增加，也預期增加加工時間，故預期使此旗艦產品的成本大幅增加 10%。生管工程師為了確保產能足夠，深入了解測試生產端現有產能能否支持這項品質方法，發現測試生產端需投入更多資金擴充產能，且生產前置時間會增加 1 週以上。因應此投資的費用，生管工程師依過往經驗，擔心新產能投資後，若新的

品質策略有所改變，可能變成浪費。故尋求行銷團隊（PM）與研發團隊一起與品管工程師，模擬放寬品質規格，並做競爭對手產品的分析比較（benchmarking），合作一起找出品質、成本、供應、銷售面等最佳化分析。在決定投資前的 2 週，透過大家全面性分析，找出各方案的優缺點（pros&cons），做出判斷。

管理項目與 PDCA 的改善循環，連結著 KPI

- **生產計畫與排程**：掌握生產前置時間，例如晶圓廠 CTPL（cycle time per layer）指標藍圖、確保工程單位的製造流程與良率設定，業務定時完成需求預測資訊，當產能變化，需與業務單位溝通協調生產優先順序（priority）。

- **庫存管理**：原物料到成品的庫存水位，確保生產過程中不會缺貨或庫存過剩。

- **交期管理**：工程品到量產品的交期，工程品的驗證時程也需要納入考慮，其會影響量產品生產計畫。

- **異常處理**：天災、人禍的異常處理，因應變化再與業務溝通優先順序重新更改生產計畫，異常時與各單位的溝通合作，整合不同團隊的資訊是很重要的任務。

- **依據時代潮流的新需求**：例如客戶對綠能的要求，供應鏈與

企業需加入此供應目標確保達到綠能的趨勢；地緣政治因素，工廠地點也將變成新產能的規劃重點。

生管團隊合理的 KPI（key performance indicators，鍵績效指標），會從年度目標設定後，再展開每月、每週、每日目標的跟催與調整。

1. 交期達成率（demand fulfillment %）：確保讓客戶滿意交貨服務與公司營收目標。

2. 庫存天數（days sales of inventory）與庫存周轉率（inventory turnover）：確保庫存在不同淡旺季的設定能因應需求激增，又不會因為需求下修造成庫存過剩等呆滯風險。

3. 生產計畫達成率：確保生產計畫可以落實，並思考潛在風險，提早佈局新解決方式。

4. 產能利用率（capacity utilization %）：年度計畫預期的產能利用率，可利用實際狀況來推估需求是否過分樂觀或過分悲觀，以做因應措施。

5. 生產前置時間（production cycle time）：利用比較 benchmarking 方式或經驗法則或細部定義各站的標準作業時間，確保企業的生產前置時間具備競爭力，對交貨與成本都是重要指標。

如何加入生產管理工程師的行列

技能 & 經歷

　　生管工程師要不斷充實對市場與供應鏈變化的專業，同時了解企業技術與工程運作非常重要，即使不是生管工程師的工作範疇，因為要追求效益，生管工程師要更懂得各單位合作，所以學習新知的好奇心、數學邏輯能力都是基本特質。其他的能力透過學習與工作經驗都能培養。

1. **數字力的培養：**因為在生產計畫中會跟許多參數為伍，每個參數對交期、對效益的意義，均透過數字的分析，根據不同場景提出不同的好壞結果給主管下決定，所以數字力的敏感度非常重要。若你知道一台機台每日產出 100 片，而生產報告顯示出這天生產只有 50 片，你與製造部討論時，製造部告知當機的原因，而你發現當機時間只有 1 小時，為什麼產出只有 50% ？從數字的分析你再往下找真因，才能對症下藥。

2. **執行力：**不論是哪個產業的生管工程師，每日都有關鍵目標要跟催，並每日了解是否有風險與異常，例如 C 晶圓代工廠，過去有延遲交貨的歷史，針對重要產品每批的生產進度

都要有一定的進展，假如你 1 週沒跟催 C 晶圓廠的進度，1 週後發現有 50% 的在製品（WIP）在某一爐管前都被耽擱（hold）住，你對客戶的交期承諾有 1 週延遲的風險，可見執行力的重要性。

3. **溝通協調能力**：生管工程師與其他單位或外包廠的互動關係頻繁，講清楚與聽清楚彼此的需求，是務必具備的能力。

4. **邏輯與歸納力**：生管工程師有大大小小的會議，不論與業務的產銷會議、與工廠相關的生產會議，或是與研發單位的新產品上量會議，必須很快抓到工作重點。如果邏輯與歸納力不足的話，容易成為拖累團隊效益的人，因此這能力不得不訓練。

5. **持續學習力**：不管是什麼職位，都要持續學習，因為生管工程師面對未來 AI 的時代，面對世界環境的角力變化，都會影響生產供應條件。過去你熟悉的生產管理，隨著時代變遷，管理重點也會變化，這是自我競爭力的展現，避免成為不進則退的天兵生管。

面試重點

面試官都喜歡詢問面試者的優缺點、遇到有挑戰的事情如何面對、如何能證明你能帶給公司效益。建議準備 presentation material，若是社會新鮮人，可論述在學校的社團活動，證明自己的規劃能力、遇到挑戰與緊急異常的應變能力，還有代表溝通協調與整合能力的領導特質。

主管喜歡生管工程師具備的優點包括：細心、數字力、對細節敏感、積極執行不漏球，對 Excel（函數 & 製表）有基礎，高 EQ 善溝通。若你提出的缺點是內向，可能有害怕溝通的疑慮，可以解釋為是喜歡宅在家，但溝通技巧沒問題；若你提出的缺點是急性子，這個缺點大多生管工程師都有，因為執行力強的人多少屬於急驚風風格。陳述自己缺點的技巧，就是強調缺點不會影響工作績效。

若是工作資淺的朋友想轉職生管工程師，就可從過去的工作經歷展現自己曾帶給公司的價值，不管是外包廠商管理、產能與出貨達交管理、庫存策略、跨部門改善專案等，提出自己的見解分享給面試官。面試官也會特別詢問你想轉職的原因，主要避免受挫力弱的面試者，因為每個工作挑戰都不容小覷，不怕難、有耐心了解細節、展現工作專業，較能贏得面試官的青睞。

未來發展

　　每個生管工程師的轉職機會都是有的，可按照自己的興趣做職涯藍圖規劃，在職場上很常聽到產品規劃（product roadmap），其實每個人也有自己的職涯規劃（career roadmap）。以下都是生管工程師可參考的機會。

- **管理顧問公司任職顧問**：深耕與擴展多產業的生管工程師，經歷長期規劃與短期控制的生管工程師，對供應鏈的管理瞭若指掌，也能往顧問與學術界發展。

- **製造部主管**：生管工程師因熟悉生產製造相關活動，若能展現對生產動線、機台稼動率、產量的相關指揮與制定目標的能力，也適合往工廠主管努力。

- **業務行銷、事業部銷售規劃**：往生管的上游發揮規劃與接近市場端做預測分析的職務，適合對市場有高度興趣，且對產品規格與銷售敏感度高的人。

- **IT 工程師**：喜歡寫程式或是找尋 AI 的應用對生管流程做系統化，當然生管工程師很常提出系統化需求改善工作效率，也有轉職到 IT 的領域為生產管理系統提供價值的人。

- **供應鏈採購**：原物料採購、機台採購、晶圓採購、KGD memory 採購、封裝測試供應業務等，對供應鏈市場有興趣

研究且投入的你，可以轉職當供應鏈採購。數字力依然重要，還時常要做 benchmarking，找出採購成本競爭力與廠商關係的組合。

- **成本工程師（財務單位或是供應鏈單位）**：生管工程師面對生產各種效益評估與改善，未來轉職成本相關團隊，對成本改善也非常有價值。在成本團隊，可利用經驗法則與工程、品質、研發團隊討論產品前一代與後一代的成本差異，尋求 CP 值最好的成本架構。

▍生管領域知識小補帖

- 前置時間（lead time）是供應鏈管理的重要術語，意指產品從生產、運輸到實際交付給客戶全程所需的時間。有些企業也會提到 Cycle time，會細分：（1）manufacturing（processing/ production）cycle time 指生產所需時間；（2）door-to-door cycle time 還包含運輸時間。交期除了包括生產和運輸時間，還考慮設計、購買原材料、製造、庫存控制等過程的時間。這影響企業內部的運作效率，影響客戶滿意度和業務是否成功。

- 存貨天數（DOI，days sales of inventory），可了解企業在購

入存貨後，經生產、進成品庫存，直到產品被銷售這段的時間。存貨天數短代表存貨很快被銷售出去，所以太短會有缺貨風險，若有銷售機會但因存貨不足而造成營收損失。存貨天數長代表存貨銷售很慢，公司積壓的成本過高，供過於求的狀況可能造成跌價損失。

存貨天數 = 365 ×（平均存貨 ÷ 銷貨成本）

- fabless chipmakers ／ IDM 製造商：身處 IC 設計公司的生管工程師，通常 IC 設計公司沒有實質工廠，稱為無廠 IC 設計公司（fabless chipmakers），例如 NVIDIA、AMD、聯發科、高通、聯詠、瑞昱等，但仍需生管工程師外包給晶圓代工（例如台積電、聯電等），再接著外包給封裝測試廠（例如日月光、京元電子等）完成 IC 的生產管理。現行這種無工廠的 IC 設計公司是半導體產業的主流經營模式，專心做好 IC 設計與研發。有別於英特爾、三星設計與製造全都包的模式（integrated device manufacturer，IDM）。

Chapter 13

產 品 行 銷

Eric

———（經歷）———

應用材料　資深行銷經理

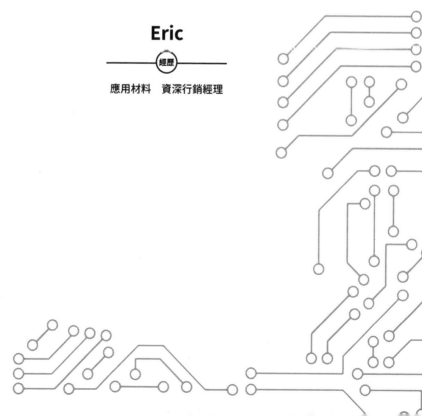

半導體設備也需要行銷？

　　半導體設備業的產品行銷部門，最常碰到朋友詢問的問題就是：「半導體設備也要行銷啊？」不同產業的行銷部門從事的工作，其實可以說是天差地遠，以下就向各位做個說明為何半導體設備業需要產品行銷部門。

買東西的思考方式

　　我們平時購買東西，隨著購買金額的高低，思考的方式也會有所不同（雖然可能會有人說要看家產多寡，也有富豪買房或買超跑跟買菜一樣，這種則不在這裡的討論範圍內）。平時購買日常生活用品，可能只有對於品牌、口味、數量和價格等進行挑選嘗試，思考的過程大概是幾分鐘的時間，通常是自己就能決定購買的項目。

　　購買金額比較高的電腦家電，可能會進行品牌、規格、價格的比較，上網爬文，或者尋找划算的交易方式如信用卡優惠，甚至購物節周年慶活動等。短則數日，長則數週數月，最後再進行購買，一同參與購買決定的人可能包括男女朋友、伴侶或是家人等。購買房子或是裝潢，則會有更長的思考時間跟面向，

地點、價格、設計、建商、公設等，參與討論涉入的人員就更廣了，金額更高、考慮時間更長。

至於半導體設備，新聞上常聽到的先進製程機台，一台價格接近百億台幣，考慮的面向則又更廣，參與討論的人員、部門、拍板決定的時程、涉及的產業技術都相當複雜，專案時程可能是數年起跳，這時候，要需要有對半導體產業技術知識有相當程度了解的人來領導專案，讓客戶在比較不同廠商機台的時候，可以確保自己的產品勝出，這一類的職責，就是屬於產品行銷部門的工作。除此之外，規劃新產品、產品技術路線，如何配合客戶的生產技術規劃來產出適合的設備，也都屬於產品行銷部門的範疇。

簡單來說，可以把產品行銷部門想像成單一產品線的總經理，他需要決定產品需要具備哪些功能、提供客戶什麼樣的價值，以及接下來幾年產品跟技術發展的路線。

半導體設備行銷，強調提供客戶價值

賈伯斯對於行銷，曾說過：「Marketing is all about values!」在演講中他以 NIKE 當例子，NIKE 銷售的是鞋子，是日常用品（commodity），價格往往是最容易被殺價競爭的。然而，當你

想到 NIKE，不會想到鞋子。而他們的廣告，不會告訴你為什麼 NIKE 的鞋子比較好，價格如何划算、氣墊是怎樣設計的，而是去宣傳偉大的運動員，運動家精神、競技體育精彩的片段，這些都透過他們的廣告傳遞給你，塑造 NIKE 在人們心中的形象。

而我們常常拜訪客戶的時候，也特別強調我們銷售的是價值，而非價格。價值就是我們能幫客戶解決多少其他設備無法解決的問題，能夠幫客戶省下多少錢，而非去強調售價有多便宜、比別的競爭對手便宜了多少，提供多少折扣或是送了多少東西。

設備業的產品行銷或是業務都需要接受大量的行銷課程專業訓練，上課老師就常會開玩笑，說你們要好好練習課堂上學到的各種技巧，否則就會變成 4D 行銷（dinner、drink、demo、discount），落入只能提供折扣去吸引客戶購買的行銷人員。

▍產品行銷經理的一天

以產品行銷經理的職責來說，通常又會分成產品部門的產品行銷經理，或是當地的產品行銷經理。

產品部門一般會較為接近總部，跟產品工程團隊、研發部門，甚至財務、法務等單位緊密合作，從事的工作範圍較

接近產品開發，跟總部的工程開發人員緊密合作，還有各種協調單位、高層主管，以及財務法務等支援單位，負責定義產品市場的技術趨勢、產品需求規格（MRS）、產品路線圖（ROADMAP）、各種策略（客戶、產品、價格等）、各種年度部門策略等。

而當地的產品行銷經理需要與客戶有更緊密的關係，熟識客戶、從客戶端使用機台的工程人員、基層主管，到上面做決定的高層主管，以及各種不同部門的相關單位，如生產、研發、整合、模組等，透過自己對產品以及客戶的熟悉，提供總部需要的一切資訊，包含競爭對手的資訊、客戶製程、參數等，跟總部的產品行銷經理緊密合作，共同完成上面所提的各種文件報告。

除了上面的各種內部文件之外，參加各種大小論壇會議也是產品行銷經理重要的工作之一。上台演講，為部門的產品進行一次精采的演說，與談各種技術趨勢以及工程挑戰，連結客戶、開發新客戶，都能為公司創造更大的價值。

確認市場規格需求

對於自己的產品，客戶端需要的規格是什麼？有什麼是需

要放入下一代規格的？有什麼是現階段就需要進行工程變更以協助客戶會用我們想要的價格購買這一台機台，或者是接下來幾年的發展藍圖，有哪些項目需要推上最新一代的產品，有哪些可以延後等待技術發展追上來，維持競爭優勢。這時候就會有一些工具拿來把各個項目寫下來，並且跟競爭對手做個比較，好比說評分表（scorecard），我們會把各個時間點，客戶對於某單一機台所需求的規格項目或是特點，羅列下來，與競爭對手比較，來看自己的產品處在領先或是落後的位置，以此來評斷需要做哪些改善或是增加領先優勢。

內部溝通，制定產品規格

在確認完市場及客戶的需求之後，就需要跟工程單位進行討論，看有哪些規格適合在下一代產品推出，有哪些需要更長的開發時間，需要跟客戶討論是否有折衷的解決辦法以及規劃未來數年的開發時程，最終透過考量財務及所需人力之後，拍板定案下一代的產品。

定義價格

完成了前述的產品規格比較以及接下來要規劃的開發項目，就會進行定價策略分析。

台積電集團創辦人張忠謀在 1998 年 9 月 7 日寫下的唯一台積電策略「手寫稿」（於 2021 年公開），其中關於「策略制定」，有一項就提到「行銷是第一優先」，CEO 的定價能力可以抵過 1,000 個工程師成本。以撙節成本為例，可能需要 1,000 個工程師花上數個月的努力，才能節省 1% 的成本；但是若執行長有定價能力把價格調高 1%，就相當於 1,000 個工程師數月的努力。

在半導體設備業中，產品行銷經理也需要具備如同 CEO 的定價能力。過去曾經服務的公司，定價策略往往是從成本出發，看客戶大小來決定要抓的利潤率，小一點的客戶就抓高一點，大一點的客戶就抓低一點，就看對方的議價能力跟有沒有競爭對手來決定。

在半導體設備業（尤其是外商），談的是價值。這一台機台能為客戶創造多少價值，包括能改善多少客戶產品的良率，以及在多短的時間內拉升多少良率，協助客戶提前量產，贏下市場，節省多少客戶其他製程的材料成本、製程成本，1 年節省多少乃至機台攤提期間能幫客戶節省多少，這些都是設備為客

戶帶來的價值，因此設備廠商考慮的是從創造的價值或是節省的成本中分出一部分，這也是定價的主要思考模式。也因此，我們可以看到半導體設備業的產品毛利多在 50% 以上，產品強勢者更有上到 60% 以上（如 KLA），這是我們在一般商品生產代工業者身上比較少見到的，也就是價值創造的重要性。

舉辦研討會，加強客戶熟悉度

每年在台灣半導體業界最盛大的會展，就屬九月份的半導體展（SEMICON TAIWAN）。隨著護國群山的雄起，各屆總統總是會撥冗出席，參與這影響台灣 13% GDP 的業界盛事。

在會展上，除了各方廠商摩拳擦掌展出最有競爭力的各種產品，還有許多論壇，上到 CEO SUMMIT，邀請從台積電、高通、應用材料等各領域重量級廠商的高階主管，分享半導體最新趨勢與發展，另外還有各種技術專業論壇，尤其這幾年以先進封裝引領 AI 領域的發展。一連舉辦 3 天，都是產業界的盛會，不可不參加。

除了半導體展之外，平常各設備商也都會根據各自的產品推出時程或是根據客戶的行程，舉辦相關的論壇或是研討會，讓相關產官學專家齊聚一堂，聯誼情感也交流訊息。

市場競爭對手／態勢分析

與客戶進行合作評估下一世代產品的時候，有時候客戶會引入其他競爭供應商來作為談判籌碼，這時候，對於競爭對手的技術及產品的理解就變得十分重要。

好比有哪些獨特的產品技術是競爭對手做不到的、有哪些獨有的價值是競爭對手無法給予的，這些都可以讓產品行銷經理進行研判，建構獨特的競爭壁壘，避免客戶要求兩個或以上的供應商殺價競爭，形成獨佔市場或是提高售價來分潤為客戶帶來的價值。

如何加入半導體產品行銷的行列

技能 & 經驗

基本上，加入半導體設備業大部分會以理工科系出身為主，從客戶技術支援工程師、製程工程師到業務、產品行銷，要求的科系背景，根據職務、負責的產品類別而會有所不同。跟產品相關性較小的職務，好比訂單管理、採購，或是其他支援單位，可能就會不在此限。

　　但是，大致上都希望對於基本的半導體製程及產業技術趨勢有一定的了解，從晶錠生產、晶圓切割，到光組塗佈、曝光顯影、離子植入、研磨蝕刻、各種量測檢測，以及現在因為 AI 產業火紅的先進封裝技術，最好都有所了解。在大學裡的選修課程如半導體技術導論，或是各種更深入探討個別技術的課程，都鼓勵想加入半導體設備產業的朋友們可以選修研讀。如果是已經工作的朋友想要轉換跑道，也建議將上述的知識補齊，對於進入此一產業可以大大加分。

　　如果是仍在學的年輕朋友，可以考慮從客戶技術支援工程師、裝機工程師開始，先從動手操作機台、學習機台各種相關技術內容，以及各種內部訓練，舉凡了解自己的特質、簡報技巧等，開始擴充自己的技能包。

　　在不同公司有不同的職涯成長路徑，但是看過不少是從工程師轉換做產品行銷經理或是業務的例子，這些都是從動手操作、了解原理跟技術知識，再到各種應用的開發、報告的撰寫跟策略邏輯的推敲、人脈的建立跟影響力、各種軟技巧的練習等，逐步建立起來，建構出自己的一套產業知識與技能。

　　有許多半導體設備業的 CEO 都是從工程師出身，經過了大約 20 年的努力以及各種不同職位的歷練才成為 CEO，好比 KLA 的 Rick Wallace、APPLIED MATERIALS 的 Gary Dickerso 都是如此。

未來發展

在成為半導體設備產品行銷經理，努力工作數年之後，還能有什麼樣的發展？

當然，繼續向上發展，進一步成為總監，管理更多的事物，是其中一項主要的職涯選擇。除此之外，還有幾種發展的可能性：

- **業務**：直接面對客戶並且背負起營業額的重任。雖然產品行銷經理對於單一產品的營業額也有責任，但是業務需要肩負的責任是大於其他部門的，當然當產品銷售成功的達成或是超越目標，業務能得到的肯定也是相對大的，反之亦然。

- **事業開發（business development）**：這個工作在不同公司有些許不同的定義，但大致上如字面所述，以開拓新的事業為主，這可以指的是基於既有產品，開發出不同的應用領域，開拓新產業的客源，也可以指透過併購或是策略合作夥伴的方式，開拓新的業務領域。

- **應用工程部門主管**：有不少產品行銷經理是從工程師轉任，因為產品行銷需要對產品的技術細節有一定程度的了解，以及工程師會跟產品行銷經理有許多密切合作的機會，也就提供了產品行銷經理另一個面向發展帶人的軟性技巧（不管是

直接直屬或是間接指導）。

　　相較於向外找新公司新職位的機會，在外商的半導體設備商公司內，轉換部門是相對常見且門檻較低的，並且也並不一定要限制在同一工作性質領域，往往取決於自己想要發展哪一塊專業技能來決定。在公司內部跟直屬主管或是上兩層主管的一對一的面談中，確認下屬的職涯發展意願也是一項重要的工作，所以多半直屬主管也會根據個人意願支持更好的發展。

　　這些是留在半導體業界的發展，筆者也有不少朋友同事，因為藉著對於技術的了解以及建立的人脈網路，轉往投資業界發展，也取得相對成功的事業成就，這些都是半導體設備產品行銷經理有機會開拓的未來職涯。

▌產品行銷知識小補帖

　　在半導體設備行銷裡，有很多不同的教育訓練來培育行銷的手法跟策略，其中有幾項基本的名詞提供內部快速溝通與了解銷售狀態：

- **購買影響力（buying influence）**：在本節一開始，在設備業的每個評估專案中，客戶端都有許多參與專案的各層級人員，根據其所在組織中的位置跟話語權與影響力，其對此評

估專案都有不同的影響程度，此一影響力我們稱之為購買影響力。

- **經濟買家（economic buyer）**：通常在一個設備評估專案，都會有最後決策會議，根據設備價格的高低，參與專案的高層層級也會跟著有所不同。小到專案經理，大至公司副總或以上，都有可能對決策產生決定性的影響，並且此一高層主管可以對最後的決定有最終否決權（veto power），這樣的一位購買影響力者，我們稱之為經濟買家。

- **教練（coach）**：顧名思義，教練就是想要你成功的人，通常在客戶的組織中，具有一定程度的影響力，對於前述經濟買家，以及其他專案評估人員，能夠透過內部溝通以及評估報告，來影響最終決策的結果，並且他是希望透過某一設備商的產品成功來達成他個人的目標，不管是在客戶公司組織內的成功或是個人的目的皆可，這樣的一位購買力影響者，我們就稱之為教練。

- **應用材料股份有限公司（Applied Materials, Inc.）**：全球最大的半導體及顯示器設備與服務供應領導廠商，在台灣營運30多年，業務據點遍佈北中南，擁有世界級的工程服務團隊。矢志成為客戶最具價值夥伴，運用先進的技術，為客戶解決高價值問題，提供差異化、靈活智慧且永續的材料工程解決

方案，推動台灣產業生態系的技術精進與發展。應用材料公司以創新驅動科技，成就未來。欲了解更多訊息，請至 www.appliedmaterials.com。

新商業周刊叢書　BW0855

開箱工程師
腦洞大開的日常

提早練功打底、把技能樹升級，讓科技業大廠都搶著要你

國家圖書館出版品預行編目 (CIP) 資料

開箱工程師腦洞大開的日常：提早練功打底、把技能樹升級，讓科技業大廠都搶著要你 / 艾斯 著 .-- 初版 .-- 臺北市：商周出版：英屬蓋曼群島商家庭傳媒股份有限公司城邦分公司發行，民 113.11 面；　公分 (新商業周刊叢書；BW0855)

ISBN 978-626-390-324-1(平裝)

1.CST: 職業介紹 2.CST: 科技業 3.CST: 半導體工業 4.CST: 職場成功法

542.76　　　　　　　　　　　　113015945

作　　　　者／	艾斯　等
責 任 編 輯／	陳冠豪
版　　　權／	吳亭儀、江欣瑜、顏慧儀、游晨瑋
行 銷 業 務／	周佑潔、林秀津、林詩富、吳淑華、吳藝佳

總　編　輯／	陳美靜
總　經　理／	彭之琬
事業群總經理／	黃淑貞
發　行　人／	何飛鵬
法 律 顧 問／	元禾法律事務所　王子文律師
出　　　版／	商周出版
	台北市南港區昆陽街 16 號 4 樓
	電話：(02)2500-7008　傳真：(02)2500-7579
	E-mail：bwp.service@cite.com.tw
	Blog：http://bwp25007008.pixnet.net/blog
發　　　行／	英屬蓋曼群島商家庭傳媒股份有限公司城邦分公司
	台北市南港區昆陽街 16 號 8 樓
	書虫客服服務專線：(02)2500-7718・(02)2500-7719
	24 小時傳真服務：(02)2500-1990・(02)2500-1991
	服務時間：週一至週五 09:30-12:00・13:30-17:00
	郵撥帳號：19863813　戶名：書虫股份有限公司
	讀者服務信箱：service@readingclub.com.tw
	歡迎光臨城邦讀書花園　網址：www.cite.com.tw
香港發行所／	城邦（香港）出版集團有限公司
	香港九龍九龍城土瓜灣道 86 號順聯工業大廈 6 樓 A 室
	電話：(825)2508-6231　傳真：(852)2578-9337
	E-mail：hkcite@biznetvigator.com
馬新發行所／	城邦（馬新）出版集團【Cite (M) Sdn. Bhd.】
	41, Jalan Radin Anum, Bandar Baru Sri Petaling,
	57000 Kuala Lumpur, Malaysia.
	電話：(603)9056-3833　傳真：(603)9057-6622
	E-mail: service@cite.my

封 面 設 計／	FE 設計　　　　內文排版／ 李偉涵
印　　　刷／	鴻霖印刷傳媒股份有限公司
經　銷　商／	聯合發行股份有限公司　電話：(02)2917-8022　傳真：(02) 2911-0053
	地址：新北市新店區寶橋路 235 巷 6 弄 6 號 2 樓

■ 2024 年（民 113 年）11 月初版

Printed in Taiwan
城邦讀書花園
www.cite.com.tw

定價／ 450 元（平裝）　320 元（EPUB）
ISBN：978-626-390-324-1（平裝）
ISBN：978-626-390-331-9（EPUB）